自治体職員のための

やさしい債権管理ハンドブック

Credit Management Handbook

調布市福祉健康部保険年金課 課長補佐
花岡 大 著

第一法規

もくじ

はじめに
1 債権管理はム・ズ・カ・シ・イ？ ……………… 3
2 私の自治体には債権管理条例がないけれど… ……… 4
3 さぁ、債権管理をはじめよう♪ ……………… 5

本書の読み方 ……………………………………… 9

第1章 債権管理の意義
1 そもそも「債権」とは？ ……………………… 13
2 自治体の債権管理の何が問題か？ ……………… 13
3 債権管理は子どもの成長を見届けるつもりで ……… 15
4 債権管理は良いことだらけ！？ ………………… 15
5 債権は大きく2種類に分かれる ………………… 18
6 債権管理の心得3箇条 …………………………… 21

この章のポイント ………………………………… 23

第2章 債権の発生と台帳の管理
1 債権はいつ発生するのか？ ……………………… 27
2 権利の取得を確認する「調定」 ………………… 28
3 大事なものはこまめに記録 ……………………… 29
4 債権管理台帳に何を記録するか ………………… 30
5 債権管理台帳は常に新鮮に！債務者のお引っ越し …38
6 債務者の所在を探すには？ ……………………… 39

この章のポイント ………………………………… 42

第3章　支払期限の到来
　　1　支払いを請求するための「納入通知」…………45
　　2　最初のヤマ場！ドキドキの支払期限到来 …………45
　　3　初めの対応が肝心（督促）…………46
　　4　督促の時期と効力 …………47
　　5　催告の具体的な方法 …………51
　　6　支払いの相談・交渉 …………55
　　7　債務を承認するということ …………57
　この章のポイント …………61

episode 1　債権管理ははじめの一歩でガラリと変わる！ …………62

第4章　裁判手続
　　1　債権管理もクライマックス！ …………67
　　2　事前に債務者の財産を調査 …………68
　　3　簡易な裁判手続の利用（支払督促）…………70
　　4　通常訴訟 …………75
　　5　裁判までが債権管理 …………76
　この章のポイント …………78

第5章　消滅時効
　　1　消滅時効は難しいよ〜（泣）…………81
　　2　債権の賞味期限と消費期限 …………81
　　3　民法か？地方自治法か？それが時効の問題だ …………84

4　お待たせの分類結果！！ ……………………………… 86
　　5　時効で権利を失わないために ………………………… 91
　　6　賞味期限切れは早めに処分（権利の放棄）………… 93
　　7　債権管理条例をつくる意義 …………………………… 101
　　8　余談ですが… …………………………………………… 102
　この章のポイント ……………………………………………… 103

episode 2　債権の消滅時効に関する検討はまさに「格闘！」… 105

第6章　相続と破産
　　1　難しそう。でも、しくみがわかれば対応できる！… 113
　　2　相続のしくみ …………………………………………… 113
　　3　相続の拒否（相続放棄）……………………………… 116
　　4　遺産分割と相続人代表 ………………………………… 117
　　5　相続人の調査 …………………………………………… 120
　　6　親族がいない場合 ……………………………………… 121
　　7　破産手続の流れを理解しよう ………………………… 123
　　8　弁護士の受任通知が届いたら ………………………… 124
　　9　破産手続の開始 ………………………………………… 125
　　10　配当と免責 ……………………………………………… 127
　　11　破産手続への対応のまとめ …………………………… 129
　この章のポイント ……………………………………………… 130

第7章　債権の消滅
1　債権の消滅により管理は終了 …… 135
2　不納欠損処分 …… 135
この章のポイント …… 139

episode 3　債権管理で味わう仕事の達成感♪ …… 140

第8章　応用編
1　未払発生の予防策 …… 147
2　債務者の生活再建支援 …… 149
3　自治体での全体的な取組みの進め方 …… 151

まとめと結び
1　まずはできることからチャレンジ！ …… 157
2　債権管理は面白い！ …… 159

資料編
1　用語集 …… 161
2　関係法令 …… 167
　　　　地方自治法（抄） …… 167
　　　　地方自治法施行令（抄） …… 175
　　　　民法（抄） …… 181
　　　　国の債権の管理等に関する法律（抄） …… 200
　　　　債権管理事務取扱規則（抄） …… 203

貸金業法（抄） ················· 205
　　　貸金業法施行規則（抄） ··········· 209
3　関係判例 ························ 213
4　参考文献 ························ 217

事項索引 ······························ 219

はじめに

1　債権管理はム・ズ・カ・シ・イ？

　「債権管理」と聞いて、みなさんはどういう印象をお持ちでしょうか？「サイケン？」と聞いただけで、難しいと思ってしまう方も多いでしょう。これまでにも、自治体の実務向けに債権管理に関する解説書はいろいろなものが出ています。ところが、まず開いてみると、必ず冒頭に「自治体の債権管理には、法令に関する広く深い知識が求められる」といったことが書かれてあります。「ひゃあ～！自分にはムリムリ。」これでは、もう1ページ目から嫌になってしまいますよね。まして債権管理には、金銭の「徴収」「取立て」「回収」といった言葉も出てきます。「今度、債権管理を担当することになったから、頭にパンチパーマかけて迫力出してみたよ。」こんな職員の逸話があると聞いて、本当だと信じてしまうかもしれません。債権管理なんて、怖くて、遠ざけたいと思うのも無理のないところです。

　近年、自治体の債権管理が問題となってきた背景には、払うのが当たり前と考えられていた給食費や保育料で、実は全国で支払いがされていない額がものすごい規模になっていることが大々的に報道され、社会問題となったことがあります。自治体は債権の管理・回収をしっかりやらなければいけないのに、実際には十分できていなかったことが露見してしまったのです。

　自治体では、実にさまざまな種類の債権が取り扱われていま

す。それだけ多くの職員が関わっていくことになります。にもかかわらず、「難しいから」「わからないから」と遠ざけていては、いつまでもこの問題は解決できません。

　給食費にしても、保育料にしても、住民に払ってもらわなければいけないのは、至極、当然のことです。ですから、こうした債権を自治体がしっかり管理することは、なにも特別な仕事ではありません。債権は、みなさん職員の日常の業務に身近に存在しています。

　また、税金の徴収については、自治体の歳入の根幹であり、憲法で納税の義務が定まっていることもあって、どの自治体でも、専属の組織を設けるなどして、力強く取組みが進められています。しかし、さまざまな行政サービスの提供が求められる現代の自治体において、もはや税金だけでは、すべての財源を賄うことはできません。

　税金以外についても、自治体が持っているさまざまな債権について、住民のみなさんにちゃんと払ってもらえるよう、管理することが必要なのです。

2　私の自治体には債権管理条例がないけれど…

　心配要りません。債権管理に関する条例を設けていない自治体でも、債権管理はすぐに始められます。「債権管理条例をつ

くらないと、債権管理は始められない？」いえいえ、それはやりたくないためだけの言い訳にすぎません。たしかに、条例の必要性を訴える解説書は多いのですが、現に筆者の所属する調布市では、債権管理に本格的に取り組み始めてから３年以上経っても債権管理条例をつくっていません。さらに、先進的に取り組まれている他の自治体でも、初めから条例があったとは限りません。

　債権管理条例をつくることで取組みを力強く前に進めていくんだという強い意気込みや積極的な姿勢が伴っているのであればまだしも、「うちには債権管理条例がないから」といって何もしないのは、ただの逃げ口上です。法律にだって、債権管理条例をつくらなければならないという規定はありません。本書では、たとえ債権管理条例がなくてもすぐに取り組める債権管理の方法を、筆者が実際に取り組んだ経験も交えながら具体的に指南いたします。

3　さぁ、債権管理をはじめよう♪

　自治体には、さまざまな種類の債権があります。いろいろな部署で取り扱われ、多くの職員が関わることになります。債権管理は、それぞれの部署の職員が、勇気をもってはじめの一歩を踏み出せるかどうかにかかっています。「債権」と聞いて恐

れることはありません。人間、わからないものには恐怖や不安を感じるものですが、一度、得体がわかってしまいさえすれば、あとは安心して落ち着いて取り組むことができるものです。本書では、それぞれの部署で債権管理を担当する職員のみなさんに、ほかの仕事と同じくらい身近なものに感じてもらえるよう、取り上げる内容を実務に必須な項目に絞り、最大限平易な表現を使ってコンパクトに解説していきます。みなさんが最初の第一歩を力強く踏み出するよう後押ししますよ。本書を読めば、債権管理を行動に移すために必要な一通りの知識とノウハウを身につけることができます。

　債権管理は、慣れてくれば、意外にもかなり定型化していく仕事です。むしろやりやすいものと感じられると思います。さらに、未払いのものが解消されていく過程や、過去の古い債権が完結して仕事がきれいに整理されていくというのは、成果が目に見えますから実に気持ちのいいものです。

　筆者は、調布市で、債権管理を本格的に始めようという平成25年度から、全庁の統括役として、債権管理のルールづくりと各部署の取組みの支援や推進に携わってきました。本書では、実際に経験した具体的な取組みに沿って、自治体職員にとっての債権管理のキホンとなるところをお伝えしていきます。

　解説の中では根拠となる法令の規定に触れていませんが、本書に従って取り組んでいただければ、法令の決まり、あるいは

趣旨に沿ったものになるようになっています。債権管理を担当する職員のみなさんが取り組むべき内容を中心に解説しておりますので、法令については、一通りお読みになったあと、巻末の法令集をご覧になって、解説した実務の内容がどのように規定されているのかを確認していただければ足ります。

　難解と感じられるだけで避けられてきたこの分野。しかし、このままでは、ちゃんと支払いをしてくださっている住民・納税者の方々に申し訳が立ちません。改善の効果、成果のわかりやすい債権管理で、はじめの一歩を踏み出し一緒に達成感を味わいましょう。さぁ、債権管理のスタートです。

本書の読み方

　本書では、債権管理のお仕事がどのようなものであるのか、まずはその全体像をつかんでいただきたいと思い、原則として、本文には関係法令の条文を入れずに、読書のみなさんが読み通しやすいようにしています。

　本文を読みながら、併せて関係法令の条文もご覧になりたいという方は、巻末に関係法令集を付け、本文にその掲載頁を表示しておりますので、ご参照ください。

　同様の趣旨から、法令用語や専門用語についても、なるべく馴染みのある言葉に言い換えるとともに、法令用語等を使用する場合には、その意味について解説を付けています。

　また、コラムとして、筆者の所属する調布市で実際に起きた債権管理にまつわる3つのエピソードを紹介します。調布市だって、決してすべてが順調に動いて債権管理が進んだわけではない様子がわかっていただけると思います。今まさに債権管理で苦労されている読者には「共感」を、まだまだ対策はこれからという読者には最初の一歩を踏み出すための「勇気」を与えられたら幸いです。

　研修の講義を聴いたり、ブックレットを読んだりといったつもりで、ぜひ勢いよく最後まで読み通してみてください。

第 1 章

債権管理の意義

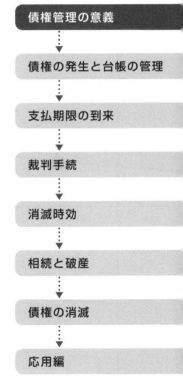

- 債権管理の意義
- 債権の発生と台帳の管理
- 支払期限の到来
- 裁判手続
- 消滅時効
- 相続と破産
- 債権の消滅
- 応用編

1 そもそも「債権」とは?

　まず、管理する対象を知ることから始めましょう。
　自治体で管理する「債権」は、金銭に限られています（地方自治法第240条第1項⇒173頁）。したがって、自治体の債権とは、特定の人から金銭の支払いを受けることができる権利のことになります。自治体に金銭を支払わなければならない特定の人が「債務者」、これを受け取る権利を持っている自治体が「債権者」です。
　自治体にはさまざまな債権があります。住民から金銭を受け取る代表格は「税金」ですね。文化・スポーツ施設の使用料、証明書の発行や粗大ごみの収集にかかる手数料もあります。また、民間企業等と同じように、金銭の貸付けを行うサービスもあります。さらに、給付手当などで不正請求があれば、これを返還してもらう権利も債権です。債権というと難しく聞こえますが、こうして見てみると、みなさんのお仕事の身近に存在し、そんなに難しいものではありません。

2 自治体の債権管理の何が問題か?

　したがって、債権管理とは、この債権を管理することとなりますが、それでは、今、何が自治体で問題になっているので

しょうか？

　例えば、同じ保育園にお子さんを通わせている利用者の方々で、保育料を支払う人と支払わない人がいては公平とはいえません。さらに、保育料を支払わない人が増えれば、保育園を運営できなくなることにもなりかねません。行政サービスを持続的に提供できるようにするためには、利用者のみなさんにちゃんと料金を払ってもらえるようにすることが必要です。このように、利用者からちゃんと支払ってもらえるように管理することが債権管理です。

　ところが、管理の根拠となる法令があまりに複雑で判然としません。さらに、「債権」自体、法律上の用語ですが、債権管理の分野は、弁護士の先生が解説することが多いこともあって、とても専門的で法律のくわしい知識が必要だと自治体職員に思われてしまいました。このため、支払いをしない住民に対し、どうすれば良いのかわからず、放ったままにしてしまっていた傾向があります。これが全国の自治体の実情であり、債権管理をしっかりと進めなければならない問題なのです。

　調布市においても、支払いを受けていない債権の金額が決算で年々増加傾向にあることが問題視され、監査委員からの指摘、議会での質問・意見を受けるに至り、債権管理の必要性が全庁的に認識され、平成25年度から取組みがスタートしました。

3　債権管理は子どもの成長を見届けるつもりで

　自治体が取得する債権は、債務者から金銭の支払いを受ける権利であると同時に、行政サービスを提供するための財源となる貴重な「財産」です。したがって、債権が発生し、債務者に請求する権利を得て、支払いの期限までその価値が損なわれないよう維持し、確実に全額の支払いを受けて権利が消滅するまで、大切に管理しなければなりません。この一連の業務を最後まで管理していくことが債権管理です。お子さんが生まれ、すこやかに成長し、学校を卒業して独り立ちしていくまでを見届けていくようなものです。愛情を持って大切にしてあげましょう（図表1－1参照）。

4　債権管理は良いことだらけ！？

　債権管理を進めると、こんな改善効果が表れてきます。
　同じ行政サービスを受けながら、支払ってくれる人と支払ってくれない人がいては、行政の公平性が保てないというのが、債権管理の問題です。債権を適切に管理することにより、支払わない人がいなくなれば、こうした負担の公平性を回復することができます。
　また、これまで支払われていなかった金銭を受け取ることが

図表1−1　債権管理の一連の流れ

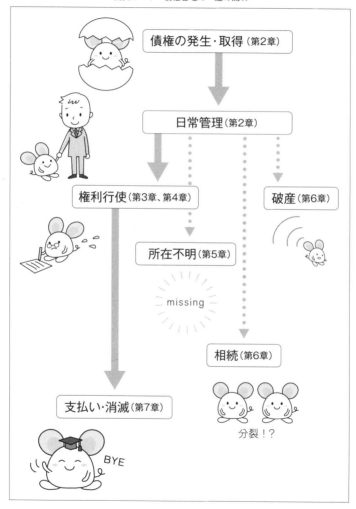

できるようにするのですから、債権管理は自治体の安定的な収入にもつながります。収入が安定すれば、行政サービスはより持続的に提供することが可能になりますね。

さらに、これまで時間ばかりかかって成果の乏しかった債権の管理を、要領よく効率化できれば、それによって生まれる時間や労力を別のサービスに振り向けることができます。債権管理による仕事の効率化・省力化で、行政サービスの水準を向上することができれば、住民福祉は一層増進されます。

未払いが解消されることは、債務者にとっても、好影響につながる場合があります。自治体は公共団体であり、住民を生活困窮に追い込むような金銭の取立てはできません。債務者であるその住民の状況に応じて対応する必要がありますので、債権管理の過程を通して住民の生活の安定に寄与することができることがあります（第8章参照）。

自治体にとって、良いことばかりですね（図表1－2参照）。

図表1－2　債権管理のメリット

- 住民負担の公平性を回復できる
- 安定的な収入確保により行政サービスを持続的に提供できる
- 仕事の効率化によるサービス水準の向上が期待できる
- 債務者の生活の安定に貢献できる

5　債権は大きく2種類に分かれる

　一般的に、債務者が決められた期限までに支払いをしない場合、債権者が金銭を受け取る権利を満足させるためには、究極的な手段として、裁判所に訴え、裁判で権利を認めてもらったうえで、債務者の財産を差し押さえて金銭に換える強制的な手続があります。

　この点、自治体は、公共団体であるという性格から、一般よりも強力な権限が与えられることがあります。債権によっては、裁判所を介さずに、自治体自らが強制的に金銭を受け取ることができる権限が認められています。この強力な権限を、「強制徴収権」あるいは「自力執行力」といいます。

　強制徴収権があるかないかで、債務者から支払いがない場合の対応が大きく異なりますので、債権管理においては、自分の担当している債権がどちらにあたるのかを意識する必要があります。強制徴収権が認められる債権を「強制徴収債権」、認められない債権を「非強制徴収債権」と呼ぶのが一般的です。しかし、みなさんいかがでしょうか。これからせっかく前向きに取り組むぞ！というところに、「非」という否定的な漢字が出てきては、士気が下がり、姿勢も消極的な感じになってしまいませんか。ここは、もっとポジティブに行きたいところです。そこで、調布市では、債権管理において自治体が取り組むべき

アクションに着目し、前者の強制徴収債権を「自力執行債権」、後者の非強制徴収債権を「裁判執行債権」と呼んでいます。つまり、支払いに応じない債務者に対し、強制徴収権が認められているものは自治体自らが強制執行し、強制徴収権が認められていないものは裁判手続を通して強制執行するという自治体が権利の行使としてなすべき行動を言い当てたものです。本書もこれにならい、ポジティブに「自力執行債権」と「裁判執行債権」の用語を使います。

　両者の区別ですが、強制徴収権は、公共団体だけに、しかもごく限られた特定の債権だけに例外的に認められる強大な権限になりますので、これを付与するにあたっては、必ず個別具体的に法律で定められます（例えば、地方自治法第231条の3第3項⇒170頁）。したがって、自力執行債権と裁判執行債権の区別は、強制徴収権を付与する具体的な法律の規定があるか否かで判断します。強制徴収権の根拠となる具体的な法律の規定がなければ、それはすべて裁判執行債権ということになります（図表1－3参照）。

　自力執行債権については、住民に対し、とても強力な権限を行使することになりますので、その付与についてだけではなく、行使する方法まで具体的にすべて法令で規定されています。ルールは明確で、法令に従って管理を進めていけばよいことになります。

図表1-3 自力執行債権と裁判執行債権

名称	内容	例
自力執行債権 （強制徴収債権）	自治体に強制徴収権が認められている。債権ごとに必ず法律で具体的に権限が付与される	税金、国民健康保険料、後期高齢者医療保険料、介護保険料、保育料、下水道使用料、道路占用料、不正受給にかかる生活保護費の返還金、不正受給にかかる児童手当の返還金　等
裁判執行債権 （非強制徴収債権）	強制徴収権がないため、権利の実現のための最終的な手段が一般と同様に裁判手続になる	上記自力執行債権以外の自治体のすべての債権：学童クラブ（学童保育所）育成料、公営住宅使用料、水道料金、廃棄物処理手数料　等

　これに対し、裁判執行債権については、後ほど説明する消滅時効の取扱い（第5章参照）をはじめ、法令だけでは具体的な行使方法が明らかにならず、それぞれ自治体がルールを決めなければならないことが多くあります。そこで、本書は、主に「裁判執行債権」を対象に解説していきますので、特に断りがなければ、裁判執行債権のことと考えてください。

　最終的な強制執行の場面では決定的に異なる両者の債権ですが、そこを除けば、債権管理への姿勢や心掛けについて異なるところはありません。ですので、本書の内容は、自力執行債権

の管理についても十分参考にしていただける内容になっています。

6　債権管理の心得3箇条

　具体的な場面の解説に入る前に、債権管理に取り組むにあたって、重要な心掛けとすべきことを知っておきましょう。これから取り組む債権管理のすべての場面に通用する「心得3箇条」です。

　第一に、債務者が期限までに支払わない場合には、機敏に反応してすぐに債務者に連絡を取ることが肝要です。未払いが長く続き、後になればなるほど、支払われる可能性は低くなるものです。そのほかにも、債務者が個人であれば住所を変更したり、法人であれば組織を変更したりするなど、債務者の挙動には常に注意を払い、素早い対応が求められます。

　第二に、支払いに応じない債務者に対し、自治体の権利をしっかり主張するためには、その根拠がはっきりしていないとうまくいきません。債務者に関する情報や、債務者とのやり取りの経過は、債権管理台帳にできるだけ細かく具体的に、こまめに記録しておくことが重要です。

　第三に、債権も、金銭を受け取ることができる立派な「財産」です。これから、債権を取得し、価値を維持し、支払いを

受けて消滅するまでずっと管理していくことになりますが、常に大切に取り扱っていくことが必要です。

図表1－4　心得3箇条

債権管理の心得3箇条

一、債務者の動きに機敏に素早く対応すること。決して放っておいてはいけない

二、債務者に関する情報やぶやり取りは、すべて債権管理台帳にまめに記録すること

三、債権も自治体の貴重な財産と心得て、大切に管理すること

以上

この章のポイント

- 自治体の債権は仕事の身近なところに存在している。自治体の債権には、税金、文化・スポーツ施設の使用料、証明書の発行や粗大ごみの収集にかかる手数料、金銭の貸付けなど、実にさまざまなものがある。
- 「債権管理」とは、行政サービスを提供するための財源となる貴重な財産である債権を、それが発生し、債務者に対して権利を行使し、確実に全額の支払いを受けることで権利を実現させて消滅するまで、大切に管理することである。
- 債権管理には、①住民負担の公平性の回復、②安定的な収入による行政サービスの持続的な提供、③仕事の効率化によるサービス水準の向上、④債務者の生活の安定といった多くのメリットがある。
- 自治体の債権は、自ら差押えができるなどの強制徴収権が認められている「自力執行債権」と、そうした強制徴収権がなく、権利の実現のための最終的な手段が一般と同様に裁判手続となる「裁判執行債権」の大きく2種類に分かれる。両者は、個々の法律で具体的に強制徴収権が定められているか否かで区別する。
- 債権管理にあたっては、常に「心得3箇条」を肝に銘じておくことである。

第2章

債権の発生と台帳の管理

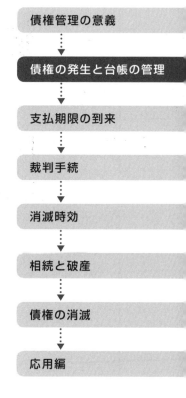

- 債権管理の意義
- **債権の発生と台帳の管理**
- 支払期限の到来
- 裁判手続
- 消滅時効
- 相続と破産
- 債権の消滅
- 応用編

1　債権はいつ発生するのか？

　債権管理とは、債権が発生し、自治体がその権利を取得して、行使することにより、債務者から支払いがなされ、債権が消滅するまでの一連の事務を管理するものです。それでは、まず、債権はいつ発生するのでしょうか。

　税金の場合には、だれが、いつ、いくらを負担しなければならないのかを、法令で定めています。「租税法律主義」という言葉を聞いたことがある方も多いでしょう。税金は法令に基づいて発生します。一方的に負担を課すという意味では、国や自治体だけに認められる特殊なものといえますね。

　施設を利用するときの使用料や、証明書の発行にかかる手数料など、有料制の行政サービスにおいては、利用者がそのサービスの利用を希望し、これに対し、自治体がサービスの提供を決定することにより、料金の支払いを受ける債権が発生します。貸付金についても同様です。

　また、子育て支援や福祉のために給付される手当や医療費の助成などで、不正な請求をして受給したり、条件を誤って支給されたりした場合には、給付が行われた時点で、本来受け取るべきでない額の金銭を受け取っていることになりますので、この分の返還を求める債権が発生します。

　債権が発生することにより、自治体は期限までに債務者から

金銭の支払いを受ける権利を取得します。

2　権利の取得を確認する「調定」

こうして債権が発生し、自治体が権利を取得したら、まず、会計事務として「調定」を行います。一般的にはあまりなじみのない言葉ですが、「調査決定」の略で、つまりは、自治体が債権という財産を持っているということを、自治体の会計に組み入れることです。この調定により、自治体が債権者となり、債務者である特定の人から、期限までにいくらの金銭の支払いを受けられる権利のある債権という財産を持ったということを、自治体の会計に登録するわけです。

自治体の決算書には、こうした個々の調定を1年分累積したものが「調定額」として歳入に表示されています。この調定額のうち、債権の内容のとおり支払いを受けることができたものが「収入済額」です。まだ支払いを受けられていないものは

図表2−1　調定額と収入済額等の関係

調定額	自治体が権利として持っている受取額	収入済額	実際に受け取れた額
		収入未済額	まだ受け取っていない額
		不納欠損額	受け取れずに終わった額

「収入未済額」となります。また、支払いを受けられないままに時効や破産などで権利が消滅してしまい、もう支払いを受けることができないものが「不納欠損額」と表示されます（図表2－1参照）。

3　大事なものはこまめに記録

　債権は貴重な財産です。価値を下げてしまうことのないよう大切に管理しなければなりません。自治体では、債権を取得したら、調定を行うとともに、それを管理するための台帳を整えて、必要な情報を記録できるようにします。例えば、福祉サービスを提供する場合、みなさんは、利用者の状態を記録し、台帳につづりますね。大事なものには、必ずこまめに記録を取るものです。赤ちゃんが生まれたら、母子手帳には予防接種などの重要な記録をつけます。お子さんのビデオや写真は、たくさん撮って思い出と成長の過程を記録しておきますよね。高価なものを買ったときには、領収書や保証書など大事な書類を取っておくでしょう。自治体の債権も一緒です。大事な「財産」となりますので、債権管理台帳を備え、自治体が金銭を受け取る権利を正当に行使できるよう、債務者に関する情報、債務者との細かなやり取りをしっかり記録に残して管理しておくことが、債権管理では大変重要になります。

4　債権管理台帳に何を記録するか

　債権管理台帳には、できるだけ細かく具体的に記録します。どんな情報を記録しておけば良いか見ていきましょう。説明は少し長くなりますが、それぞれの意味は、あとでくわしく解説しますので、ここでは、債権管理に取り組むために必要な情報にはどのようなものがあるのか、まずはさらっと一通り眺めてみる気持ちで読み進めてください。本書を最後まで読み終えていただいたあと、改めてこちらに戻って振り返ってみていただくのが効果的です。

❶債権の名称
　まずは、どの種類の債権なのか、名称を表示します。予算の名称と統一しておくと、明確で管理しやすいでしょう。
❷債務者
　債務者の基礎情報です。あとで不一致を起こさないよう、十分注意して正確に記録しましょう。
　個人の場合には、氏名、住所、連絡先
　団体の場合には、名称、所在地、代表者名、連絡先
を入れます。各項目に変更があったら、すぐに書き換え、常に最新の情報を記録しておきます。
❸債権額

自治体が受け取ることができる金額です。

❹調定の日付

調定をした日を記載します。なお、手当の支給などで過誤払いがあり、その返還を求める債権で、調定した後に新たに判明した事情などのために、さらに返還額が拡大し、調定の日付を変更することが必要な場合などには、忘れずに台帳も書き換えましょう。

❺債権の発生原因

債権が発生する原因となった事実を記載します。債務者といつ・どのような関係で金銭を受け取る権利を得ることになったのか、行政サービスの提供を決定した概要などを記録します。特に返還金の管理においては、それが不正な手段によるのか、条件の誤りによるのかといった原因の違いが重要になります。

❻納入通知の日付

債務者に支払いを求めるため、自治体は期限を定めて納入の通知（納付書）を出します（第3章参照）。この自治体の納入通知には、時効を中断する効力が認められています。そのため、重要な日付になりますので、必ず記録しておきます。

❼支払期限（納期限）

債務者に指定した支払期限をその都度、記載します。債務者との相談の結果、分割して支払うことになった場合には、その内容を分けて記載します（第3章参照）。

図表2-2　債権管理台帳の様式（調布市の例）

○○手数料　管理台帳❶
債務者❷
　住所
　電話番号
管理担当者
管理コード

債権額❸　　　　　　　　円
発生原因❺　　○月○日収集
納付方法❽　　納付書払
納付状況

対象月	金　額	調定日❹	納付書発送日❻	納付期限❼
○年○月分	円			
○年○月分	円			
○年○月分	円			
○年○月分	円			
○年○月分	円			
○年○月分	円			
○年○月分	円			

時効の起算点　○年○月○日
時効期間❽　　5年（※援用不要）❹
交渉履歴

日　時	記　事❶❷❺

納付済額❾	納付日❾	未納額❿	督促状発送日	納付期限❼	催告書発送日	納付期限❼
		円				
		円				
		円				
		円				
		円				
		円				
		円				

❽支払(納付)方法

　支払方法を記載します。納入通知が納付書になっていることが多いと思います(第3章参照)。そのほか、口座振替やチケット制などがあります。

❾支払(納付)記録

　支払いを受けた日付と金額を明確にしておきます。貸付金では、月賦払いなど分割して返済を受けるものもあります。いつ、いくらの返済を受けたのかを、支払いを受けた都度、記録します。また、債務者の事情により、全額ではなく、一部の金額の支払いがなされることもあります。この場合には、残額を含む債務全体の存在を認めたものとして、全額について時効を中断する効力が認められますので、重要な日付になります(第3章参照)。

❿未納額

　これから支払いを受ける金額を明確にしておきます。途中、一部の支払いがあれば、残額がわかるように、その都度、更新します。

　ここまででちょうど10項目になりますが、これらが債権の基本的な情報になります。以上のほか、債権を管理するために必要な情報には次のものがあります。

❶債務者の支払能力に関する情報

　所有している資産や、債務者が個人であれば、就労の状況（勤務先）、所得額などの情報は、債務者の支払能力に関係してきます。期限までに支払いがなされなかった場合、こうした情報が重要になってきます。申請時にわかるものもあれば、債務者との支払いの相談で聴き出せるものもあります（第3章参照）。

❷保証人・担保

　住宅の賃貸や金銭の貸付けでは、保証人を立てることを求めることがあります。また、まれではありますが債務者に担保を差し入れることを求めることもあります。これら自治体の債権の保証となる情報を記録します。

❸時効期間

　第5章でくわしく解説するように、債権によって、時効で消滅してしまうまでの時効期間の年数が異なります。時効によって債権が消滅してしまっては大変ですので、正確に記録します。

　さらに、いつ時効期間が満了するのか、その具体的な日付を記載しておけば、いつまでにどのような対策が必要かを考えることができ、管理のために有益です。

❹時効の援用の要否

　また、自治体の債権については、消滅時効の成立に債務者からの時効の主張を必要とするものと、不要とするものがあります。債務者が時効で債権が消滅したとするこの主張のことを、

法律では、時効の「援用」といいます（第5章参照、民法第145条⇒181頁）。

❶❺債権管理の経過と債務者とのやり取り

　このほか、期限までに支払わない債務者に対し、支払われるまで繰り返し請求を行う督促や催告の日付と方法、債務者との支払いに関する相談・交渉の内容を具体的に記録しておきます。

　督促にも時効を中断する効力が認められていますので（第3章参照）、その日付を記録しておくことが重要です。督促に続けて催告を行いますが、文書、電話、訪問など、方法についても具体的に記録しておきます。督促状や催告書など、債務者へ渡す書面は写しを取り、台帳に一緒につづっておきます。

　支払いについて債務者と相談・交渉を行うこともありますが（第3章参照）、そうしたやり取りについても、できるだけくわしく記録しておきます。相談・交渉の過程において、債務者が債務の存在を認めれば、やはりその時点で時効が中断しますので、こうした日付も重要になってきます。

　また、裁判や差押えといった強制的な手段は最終的なものとなりますので、そうした手段に進むことがやむを得ないといったことがわかるようにしておくためにも、それまでの経過について記録しておくことが意味を持ってきます。

　債権管理台帳に記録するものはたくさんありますね。住民の

ための大切な財産ですから、こまめに記録をつけましょう。

　債権管理台帳に記録されている意味合いや内容が一通りわか

図表２－３　債権管理台帳に記録する情報一覧

❶債権の名称
❷債務者
　　個人：氏名、住所、連絡先
　　団体：名称、所在地、代表者名、連絡先
❸債権額
❹調定の日付
❺債権の発生原因
❻納入通知の日付
❼支払期限（納期限）
❽支払（納付）方法
❾支払（納付）記録
❿未納額
⓫債務者の支払能力に関する情報
⓬保証人・担保
⓭時効期間
⓮時効の援用の要否
⓯債権管理の経過と債務者とのやり取り

れば、債権管理の内容について理解できていることになります。台帳を見れば、債権管理の状況がよくわかります。債権管理台帳に的確に情報が記録されていることは、債権管理そのものがちゃんとできていることの表れでもあります。

　債権は、債務者に対して金銭の支払いを求めていくものですので、自治体が債務者に対して持っている権利の内容を客観的に明確に記録しておくことが必要です。

　債権管理台帳の様式は自由です（図表2－2参照）。筆者の所属する調布市でも、統一的な様式を特に定めてはいません。債権の種類によって、権利の内容や管理の方法が異なってきますので、自分たちで工夫して、その債権の管理に合った、見やすいもの、使いやすいものをつくっていきます。業務によっては、システムで管理できるものも市販されていますので、うまく活用しましょう。

5　債権管理台帳は常に新鮮に！債務者のお引っ越し

　債務者が支払いの前に引っ越しをして住所を変更した場合、債権管理台帳も更新が必要です。支払いが終わる前に債務者の住所がわからなくなって、連絡が取れなくなってしまっては、支払ってもらうことができなくなってしまいます。そのため、あらかじめ債務者には、何か変更のあったときには、必ず自治

体へ届出をするよう案内しておかなければなりません。住所のほか、債務者に関する情報に変更があれば、必ず台帳を書き換え、常に最新の状態となるようにしておきましょう。

6　債務者の所在を探すには？

　債務者に出した通知が宛て所不明で戻ってきてしまい、現地に行って住んでいないことがわかったら、すぐにその所在を探す必要があります。

　まず、債務者が個人の場合です。債務者の所在調査は、住民基本台帳で、転出・転居先を確認します。この住民基本台帳の閲覧は、自治体の債権管理を目的として調査を行うものであり、法律により認められるものです。調査を依頼した自治体から根拠を求められた場合には、「地方自治法第231条の3第1項・地方自治法施行令第171条の規定により、自治体の債権回収事務を目的・理由に行うもの」と回答します。この地方自治法・地方自治法施行令の規定（⇒170頁・176頁）は、期限までに支払わなかった債務者に対して支払いを催促する督促について定めているものです（第3章参照）。

　住民基本台帳に転出・転居先の登録がなく、あるいは掲載された住所に行っても債務者が住んでいなかった場合には、債務者の居住を確認することができた直近の市区町村に、本籍地の

記載のある住民票の写しの交付を申請します。必要に応じて、戸籍謄本・抄本と戸籍の附票も申請します。もし、これらの調査に対し、申請先の市区町村から、電話やメールなどで問い合わせを受けたり、交付は難しいと言われたりしても、すぐに諦めず、自治体の債権回収という行政目的のためであること、債権回収という事務の性質上、債務者の高度な個人情報への配慮を必要とするために請求の事情を具体的に明らかにできないことを、根気強く、丁寧に説明して協力を仰ぎましょう。

住民基本台帳以外の手段としては、以下の方法が考えられます。

・戸籍からわかる父母、兄弟姉妹等の戸籍の附票から住所を調べて訪問し、親族から所在を聴取する
・固定電話の番号がわかっていれば、電話会社に住所を照会する
・かつて債務者が住んでいたところの近隣の方から情報を聴取する。ただし、債務者が滞納している事実を明らかにすることのないよう、言動には十分な注意が必要

また、海外への出国の情報については、入国管理局へ照会して確認することができます。

次に、法人の場合については、法務局で、商業・法人登記を

図表2-4　債務者の所在調査の方法

個人の場合	● 住民基本台帳で転出・転居先を確認 ● 戸籍の附票から親族の住所を調べて聴取 ● 固定電話番号から電話会社に照会 ● 債務者の旧居住地の近隣から聴取 ● 出国について入国管理局に照会
法人の場合	● 法務局で商業・法人登記を入手 ● 代表者などの役員の住民票を調べて聴取

　調べることにより、その業務内容、役員の氏名・住所、解散の有無などが分かります。法人に関しては、その所在地や代表者について、常に最新の情報を把握しておくことが必要です。法人の所在地で連絡が取れなければ、代表者などの役員の住民票等を調べ、話を聴きに訪問します。

　以上の調査をし尽くしても所在がわからなければ、債務者への請求ができませんので、いったん管理を停止し、債務者に関する新しい情報が出てくるのを待つしかありません。ただし、まだこの状態では、自治体の権利が消滅したわけではありませんので、この時点ですぐに債権が消滅したものとして処分することは許されません。また、このような事情となっても、消滅時効の進行が止まるものでもありません（第5章参照）。

この章のポイント

- 債権が発生し、自治体がその権利を取得したら、そのことを確認する「調定」(調査決定)を行う。
- 大事なものにはこまめに記録を残すように、自治体の債権については、債権管理台帳を整備して必要な情報を記録しておくことが適切な管理につながっていく。
- 債権管理台帳には、債権の内容、債務者の状況、債務者とのやり取りの履歴など、管理に必要な情報を記録する。
- 債権管理では債務者と連絡を取れることが肝要であり、常にその所在を把握しておかなければならない。債務者の所在が分からなくなったら、直ちに調査を行わなければならない。

第3章

支払期限の到来

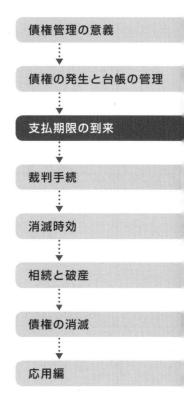

- 債権管理の意義
- 債権の発生と台帳の管理
- **支払期限の到来**
- 裁判手続
- 消滅時効
- 相続と破産
- 債権の消滅
- 応用編

1 支払いを請求するための「納入通知」

　債権者には、債務者に対して支払いを請求する権利があります。自治体は、債務者に対し、期限までに支払うよう納入通知書を発行して請求します。この納入通知は、通常、「納付書」として発行され、債務者はそれを持参して指定の金融機関で支払いをします。最近では、支払いの利便性向上を図るため、口座振替や、コンビニエンスストア、クレジットカードで支払うことができるシステムを導入している自治体も見られます。

　債権は、長らく放っておいてしまうと、時効によって消滅してしまいますが、この自治体の発行する納入通知には、特別に消滅時効の進行を止め、中断する効力が認められています（第5章参照）。

2 最初のヤマ場！ドキドキの支払期限到来

　いよいよ支払いの期限が来ました。ここが運命の大きな分かれ道です。みんなちゃんと払ってくれているでしょうか。まずは、納付書や口座引落しによって、自治体の口座に全額の入金がなされているのか、支払いの状況を確認します。払ってくれていれば、債権は権利の内容が実現したことにより消滅し、債権管理の業務は無事、任務完了となります。一方、支払いがな

ければ、引き続き、債権が回収できるまでがんばっていくことになります。

3　初めの対応が肝心（督促）

　期限までに債務者からの支払いがなければ、支払いを受けられるまで債権回収に励まなければなりません。ただ、支払いがないからといってすぐに焦る必要はありません。支払いがないという中には、仕事の忙しさなどに追われ、単に払い忘れていただけということも実際には多いからです。

　ここで、初期の対応が非常に重要になってきます。ここからの取組みが、いわば債権管理の一番のハイライトとでも呼ぶべき段階に入っていきます。

　友だちに貸した本って、不思議と返ってきませんよね。遠慮してずっと言わずにいると、忘れられてしまうのでしょうか。もう返ってくることはありません（残念です）。

　そこで、債権管理もここがまさに正念場。がんばりどころです。後になればなるほど、支払いへの意識も薄れ、しまいには忘れられ、債務者によっては収入状況が悪化して支払いができなくなり、また、所在不明になることも生じてきます。後になればなるほど、債権の回収は大変になっていってしまいます。期限までに支払わなかった債務者には、できるだけ早く、支払

いを請求することが必要です。

　期限までに支払わない債務者には、改めて期限を指定し直して、再度請求を行います。支払期限到来後に改めて行うこの請求を「督促」といいます。この督促状の書面には、根拠となる法令の規定を示します。この督促の根拠規定には、地方自治法第231条の3第1項（⇒170頁）と地方自治法施行令第171条（⇒176頁）の2つがあります。厳密には両者を使い分けるべきなのですが、法令に一律の取扱いが決まっているわけでもないことから、無難に両方の規定を併記することをお勧めします（図表3－1参照）。

4　督促の時期と効力

　督促を行う時期について、特に決まりはありませんが、税金については、納期限後20日以内と定められています。督促が遅くならないよう、これを一つの目安とします。未払いの状態があとへあとへと長引くほど、債務者の意識も薄れ、支払いを受けることが難しくなりますので、できるだけ早く督促状を発送できるよう、支払期限ののち、支払いの状況を確認するための日数、料金の対価となっているサービスの提供の態様、そのサービスを利用する債務者の特性等をふまえ、あらかじめ督促状を送付する標準の時期を定めておくと良いでしょう。

図表3－1　督促状および催告書の様式（調布市の例）

平成〇〇年〇〇月〇〇日

督　　促　　状

〇〇　〇〇様

〇〇市長　〇〇　〇〇

〇〇年〇〇月〇〇日現在、下記の〇〇料金が未納となっておりますので、地方自治法第231条の3第1項・地方自治法施行令第171条の規定により、<u>〇〇年〇〇月〇〇日までに</u>納付されますよう督促します。

なお、期限までに納付に応じていただけない場合には、強制執行等の法的措置をとることがありますので御了承ください。

記

1　未納となっている料金
　　〇〇料金　　〇〇，〇〇〇円
2　納付方法
　　同封の納付書により、掲載されている金融機関等で納付ください。
3　納付の御連絡等
　　市が納付を確認できるまでに一定の期間を要しますので、納付されましたら、その旨、御連絡くださいますようお願いします。
　　この通知書の到着前に納付されている場合は、行き違いですので御了承ください。
　　・
　　・　〈略〉（その他、不服申立て、訴訟の教示文など）
　　・

お問い合わせ先
　　〇〇市〇〇部〇〇課　担当　〇〇
　　電話〇〇〇（〇〇〇）〇〇〇〇

平成〇〇年〇〇月〇〇日

催 告 書

〇〇　〇〇様

〇〇市長　〇〇　〇〇

　下記の〇〇手当の返還金については、これまで繰り返しお支払を求めてまいりましたが、〇〇様には、未だ納付に応じていただいておりません。
　このまま、〇〇様の御対応に誠意がみられませんと、市民の皆様から公金を預かる市としましては、適正な財産管理と負担の公平性の観点から、<u>強制執行等の法的措置の手続に着手する</u>こともやむを得ないことになります。
　つきましては、下記未納金額を<u>至急お支払ください</u>ますようお願いします。

記

1　未納となっている〇〇手当返還金
(1)　返還対象　平成〇〇年〇月から平成〇〇年〇月までの支給分
(2)　返還額　　　　　　　　円
(3)　返還理由　受給資格消滅
2　納付方法・期限
　　同封の納付書により、金融機関等で平成〇〇年〇〇月〇〇日までにお支払ください。
3　納付の御連絡等
　　市で納付の確認ができるまで一定の期間を要しますので、お支払になりましたら、その旨、御連絡くださいますようお願いします。
　　なお、すぐに一括で全納することが難しい場合には、別紙「債務承認書」を御返送のうえ、納付方法を協議するため、担当まで御連絡ください。分納等の御相談をお受けします。

お問い合わせ（返送）先
〇〇市〇〇部〇〇課　担当　〇〇
電話〇〇〇（〇〇〇）〇〇〇〇

次に、督促状で定める支払期限についても特に決まりはありませんが、税金については10日以内と定められています。債務者が支払いのために必要な日数を考慮する必要がありますので、金額、支払いの利便性や債務者の生活態様なども見て、短すぎず、かといってあまり長く間延びすることもない相当な日数を考えて期限を定めます。

　また、督促には、時効を中断する効力が認められています（第5章参照）。重要な行為になりますので、あとで事実を証明できるよう、必ず書面で行います。配達を記録する方式の郵便を利用するのが確実ですが、経費の制約もあるでしょう。普通郵便で出す場合には、債権管理台帳に送付日を記録するとともに、督促状の写しを取って一緒につづって保管しておくと良いでしょう（第2章参照）。郵送の場合には、通常到達すべき時に送付されたものとされ、その時点で消滅時効の進行が止まり中断します。

　督促により時効の中断が認められるのは1回だけです（第5章参照）。督促を行ったあと、同じように再度、債務者に請求をしても、ただちに時効を中断する効力は認められません。この場合には、さらに6箇月以内に裁判を起こすことなどが必要になります。このように支払期限到来後に行う1回目と2回目以降の請求では時効中断の効力が大きく異なることから、督促との違いを明確にするため、その後の請求については「催告」

図表3－2　督促と催告の違い

督促	支払期限後にはじめて行う支払いの催促。1回に限り時効中断の効力あり
催告	1回目の督促の後に繰り返し行う支払いの催促。それ自体には時効中断の効力なし

と呼んで区別します（図表3－2参照）。

5　催告の具体的な方法

　催告は、債務者が支払いに応じてくれるまで、根気強く何度でも繰り返しましょう。文書だけでなく、電話や訪問もします。債務者が指定した連絡先に電話をしてもまったく応答がなく、自宅へ訪問しても反応がなければ、勤務先や家族への電話も考えます。ただし、滞納している事実については、債務者にとって、他人には知られたくないと考えるような高度な個人情報であり、慎重な取扱いが必要です。勤務先への連絡はやむを得ない場合に限り、通話する内容も、用件を簡潔に伝えたうえで、必ず自治体へ連絡をくれるよう依頼する程度にします。また、職場にかけて債務者へ直接つながらなかったときは、所属課と担当者名のみを伝え、折り返しの連絡をもらえるよう伝言をお願いするまでにします。くれぐれも支払いの関係など、用件・

趣旨を言うことのないよう、十分注意してください。

　催告書の文章にも工夫が必要です。債務者に意識してもらえるよう、少しドキッとさせる程度の刺激を与えることが効果的です。例えば、債務者に資産のあることが明らかであり、強制執行すれば回収の可能性が高く見込まれるケースでは、法的な回収手続に進む用意があることを予告しておきます（図表３－１参照）。法的回収手続に入る最終段階になったら、手続に着手する旨の最後通告を行います。また、債務者の勤務先が判明しているケースでは、勤務先に電話する可能性があることや、給与の差押えを示唆することも効果的です。

　ただ、どんなに文面を工夫しても、開封して読んでもらわないことには意味がありません。そこで、封筒や用紙の色を変えるなど、通常の通知とは異なる特段の内容であることをアピールすることも必要です。ただし、ここで注意してください。赤系統の色には興奮作用があるそうで、債務者の過剰な反応を生み、逆効果となる場合があるのです。調布市でも、赤色の用紙だけは絶対に使いません。

　もちろん、債務者が支払いに応じないからといって、過度な取立て行為は許されません。

　貸金業においては、法律に基づいて取立ての行為に規制が設けられています。自治体は貸金業にはあたりませんので、直接の規制の対象になるものではありませんが、規定されている内

容が具体的になっていますので、催告の方法の許容範囲をはかるうえでとても参考になります（図表３－３参照）。

図表３－３　貸金業者の取立て行為の規制

　債権の取立てのために、債務者等を脅したり、以下のような私生活・業務の平穏を害するような言動をしたりしてはならない（貸金業法第21条第１項⇒205頁・貸金業法施行規則第19条第１項⇒209頁）。
① 　債務者と連絡を取る方法が他にないというような特段の理由がないにもかかわらず、社会通念に照らして不適当といえる午後９時から午前８時までの時間帯に、債務者への電話、ファクシミリ、居宅訪問をすること。
② 　債務者が支払うこと、連絡すること、連絡を受ける時期を申し出ているにもかかわらず、それに反して債務者への電話、ファクシミリ、居宅訪問をすること。なお、具体的な期日がないもの、同様の申出が直近で実行されていないもの、通常のものから著しく逸脱した内容で支払いを約束するもの、支払いを猶予された期間中に申出内容に反して他へ支払ってしまうもの、支払停止を受けたり、所在不明になったりして、支払いを受けることが困難であることが確実となったものなどは、社会通念に

照らして相当な債権者の申出であるとは認められない。
③ 債務者と連絡を取る方法が他になかったり、債務者の連絡先が不明なために、債務者の連絡先を確認することを目的として債務者以外の者に電話連絡をしたりというような理由がないにもかかわらず、債務者の勤務先など、その居宅以外の場所へ電話、電報、ファクシミリ、訪問をすること。
④ 債務者の居宅や勤務先などを訪問した場合において、債務者から退去するよう求められたにもかかわらず、その場所から退去しないこと。
⑤ はり紙や立看板などを使って、債務者の借入れに関することや私生活に関する事実を債務者以外の者に明らかにすること。
⑥ 債務者に対し、他から金銭を借り入れたり、クレジットカードを使用したりするなどして、債務を支払うための資金の調達を要求すること。
⑦ 債務者以外の者に対し、債務者に代わって支払うことを要求すること。
⑧ 債務者以外の者が債務者の居所や連絡先を知らせることなどの債権の取立てに協力することを拒否しているにもかかわらず、さらに協力するよう要求すること。

⑨　債務者が債務の処理を弁護士等に委託したり、その処理のために必要な民事裁判の手続を取ったりして、弁護士等や裁判所から書面でその旨を知らせる通知を受けた場合において、弁護士等から承諾があったり、弁護士等に対する委託が終了した旨の通知を受けたりというようなことがないにもかかわらず、債務者に対し、電話、電報、ファクシミリ、訪問をして、債務を支払うことを要求し、これに対し、債務者から直接要求しないよう求められたにもかかわらず、さらにこれらの方法で債務を支払うことを要求すること。

⑩　反復継続して、電話、電報、電子メール、ファクシミリ、居宅訪問をすること。

⑪　保険金による債務の支払いを強要したり、示唆したりすること。

⑫　以上に掲げるような言動をすることを債務者に告げること。

6　支払いの相談・交渉

支払いたくても、すぐに全額は支払えない。支払うことに納得していない。こうした債務者には、一度、時間をもらって、

支払いに向けて相談・交渉を行います。これは、お互いに納得したうえで支払ってもらうために行う住民との対話、コミュニケーションです。

　経済的な事情により支払いに応じることが厳しい債務者には、いつ、いくらであれば支払いが可能であるのかを具体的に話し合います。債務者の所有している財産や預貯金額、就労の状況や自営であればその経営状態、ご家族の状況、毎月の収入額と支出額などを聴取して具体的な支払能力を確認していきます（図表３－４参照）。ここで聴き出した内容は、のちに強制的な手段によって回収せざるを得なくなった場合にも、手続を円滑に進めるうえでとても重要になります（第４章参照）。こうしたことを一つ一つ確認していきながら、今後可能な支払方法を一緒に考え、支払いの計画をつくっていきます。

　例えば、今は失業の身で収入に乏しい債務者でも、将来、就職することで、また収入が得られれば支払いに応ずることも可能になってきます。自治体にとっても、今、支払うあてのない全額分の無理な請求を繰り返すより、収入が見込める時点で確実に支払ってもらったほうが有利になります。そこで、自治体には、債務者にこうした事情がある場合、支払期限を延長したり、分割して支払うことに変更したりすることが認められています（地方自治法施行令第171条の６⇒178頁）。一般的にいわゆる「リスケ」と呼ばれる行為です。「リスケ」とはリスケ

図表3-4　支払いの相談・交渉での確認事項

- 財産、預貯金額
- 就労状況や自営業の経営状態
- 毎月の収入額、支出額
- 家族の状況
- 債務の承認
- 未払いの際の個人情報収集への同意

ジュールを略したもので、債務の支払期限などのスケジュールを計画し直すことをいいます。債務者の声をよく聴き、状況を十分に確認して、支払いに応じてもらえるよう、良い話し合い、良いコミュニケーションを図っていきます。

7　債務を承認するということ

　さらに、債務者との相談・交渉において重要なことがあります。

　それは、時効によって消滅してしまわないよう権利を維持するために、消滅時効の進行を止めておくことです。消滅時効は、一定期間放っておくことにより権利を消滅させるものですので、債務者から債務の存在を「承認」することで中断します（第5

図表3-5 債務承認書の様式（調布市の例）

平成〇〇年〇〇月〇〇日

〇〇市長　〇〇　〇〇　様

債務承認書

　私は、〇〇市に対し、下記のとおり、債務を負っていることを承認します。
　なお、今後の納付については、誠意をもって〇〇市と協議します。

記

1　対象債務　　〇〇〇使用料
2　対象年月　　平成〇〇年〇月から平成〇〇年〇月までの利用分
3　債権額　　　　　　　　　　　円
　（未納）
4　納付期限　　平成　　年　　月　　日
　（当初）

（債務者）
住所

氏名　　　　　　　　　　㊞
電話　　　（　　　）
（※日中に連絡の取りやすい連絡先を入れてください。）

章参照)。こうした効力を有する重要な行為ですので、必ず債務者が署名・押印のうえ「債務承認書」として書面で提出してもらいます(図表3-5参照)。分割で支払う計画を立てた場合にも、「分納誓約書」として、文面に債務全体の存在を承認する旨を入れておきます。一部の額を支払うことも、債務の承認となり、その残額について、時効が中断します。

また、債務者にとっては、未払いの債務があるという事実を他人には知られたくないと考えますので、高度な個人情報にあたり、すべて情報は本人から収集することが原則になります。そのため、債務者の財産などを調査することについて、自治体であっても大きな制約が課せられています(第4章参照)。

そこで、支払いに応じないことが続くことに備え、強制的な手段によって回収する手続に移行する場合に活用できるよう、この相談・交渉の場面で、書面により、未払いが続いたときに

図表3-6　個人情報の収集・利用に関する同意書の文例

　私は、○○市への誓約に反し、相当の期間内に納付をしなかった場合には、市の各部署及び関係機関の保有する私の個人情報を利用して、市の債権管理のために必要な調査を行うことに同意します。

　　　　　　　　　　署名欄　○○　○○　㊞

は本人の個人情報を自治体が収集・利用することについて同意することを債務者に求めておくことも、のちのち非常に役に立ってきます（図表3－6参照）。

この章のポイント

- 期限までに支払われていないことを確認したら、債務者に対し、できるだけ早く督促状を送るなど、迅速に対応することが肝要である。
- 「督促」には時効を中断する効力が認められるが、その後、「催告」を何回行っても時効は中断しない。
- すぐに全額の支払いが困難な債務者に対しては、一度、時間をとってもらい、支払いに向けた相談・交渉を行う。自治体にとっても、支払いのあてのない時に請求を繰り返すことは無駄であり、債務者が収入を見込むことができる時に支払ってもらったほうが有利であるため、支払期限の延長や、分割支払とすることが認められている。
- 債務者と支払いの相談を行う時は、保有している資産や収入の状況などを具体的に聴いておく。また、債務者から支払いのない状態が長く続くと、自治体の債権であっても、時効により消滅してしまうことから、これを阻止するため、債務者と支払いの相談を行う時には、債務の承認を求め、時効を中断する必要がある。

episode
1

債権管理ははじめの一歩でガラリと変わる！

　どうしていいかわからない仕事は、つい放置されがちです。周りの職員へ聞こうにも、自分には振りかかってこないようにと、なるべく近づこうとしません。なんとも冷たいものです。「法令に基づく行政」を叩き込まれ、ルールなしには仕事のできないわれわれ自治体の職員にとって、ルールのわからないものを遠ざけるのもいわば性(さが)のようなものであって、ある程度はやむを得ないところもあると理解はできます。

　債権管理は、こうしたことの最たるものといえるでしょう。管理のルールがわからず、何をどうしたらいいのか、気には留めていながらも、つい後回しにしてしまって、それが歴代の担当者に引き継がれ、気が付けば、支払いの済んでいない収入未済額が大きな額に積み上がっていたというのが、どの自治体でも起きている実情ではないでしょうか。

　しかし、ルールを理解して、取り組み始めることができれば、劇的に変化が現れるのも、債権管理の特徴です。調布市独自のルールづくりには、筆者も苦労しましたが、ひとたびルールができれば、あとは債権を取り扱う部署とその担当者が最初の第一歩を踏み出してくれれば、大きな成果につながっていきます。もちろん、実際に債権管理にあたる職員は、並々ならぬ努力と

熱意を持って取り組んでいただいているからこそ、大きな成果となって現れるのですが、はじめの一歩自体は、そう困難なことではありません。

　債権管理台帳がその体をなしていないという事例がありました。整備できていない大きな要因の一つに、「事後調定」の問題がありました。事後調定とは、文字通り調定を事後に行うものです。例えば、証明書の発行事務手数料の支払いを窓口で受けた場合、その場で調定するわけにもいきませんので、その日の業務終了後に調定が行われるのが一般的です。このようにやむを得ない場合に限り、例外的に認められているのが事後調定です。ところが問題の事例では、そうした事情がないにもかかわらず、支払いを受けてから調定を行っていました。第2章で見てきたように、調定を行うことによって、自治体が債権という「財産」を有したことを確認することができます。債権が発生していても、調定が行われなければ、自治体の「財産」であるという意識が働かず、また、支払いがなされていない額が表面化しないため、管理がおろそかになりがちです。これが事後調定の問題点です。

　そこで、この事例の部署では、まず、債権の発生状況を把握するため、関連する文書を整理し、そこから記録を洗い出して債権の内容を確認することからスタートしました。このことに

よって、自治体の有している債権の状況が明確になり、その時点で調定を行って、以後、事後調定を行わないよう改めました。調定の内容に従って、債権管理台帳をしっかり整備することができました。

　債権管理台帳がそのような状態でしたから、督促もおろそかになっていました。未払いの債務者に対し、債権発生から年数を経て久々に督促を行うのは勇気のいるものですが、督促状を送り、相手方の反応を受けて丁寧に説明をすれば、大半の住民は理解してくださり、支払いに協力的に応じてくれるものです。「久しぶりに督促をしてもダメだろうと思っていたけど、案外、債務者の反応が良くって、支払ってもらうことができました！」笑顔で担当者からこんな報告を聞くと、筆者もとても嬉しく感じます。

　債権管理を一からスタートする場合でも、まずは債権管理台帳を整備し、未払いの債務者に督促を行うことから始めるだけで、これまでにない成果につながっていきます。第2章で見てきた調定や債権管理台帳の整備、第3章で見てきた督促の重要性がおわかりいただけるでしょう。

第4章

裁判手続

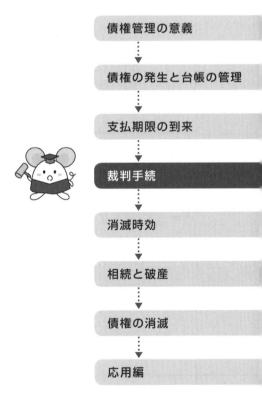

- 債権管理の意義
- 債権の発生と台帳の管理
- 支払期限の到来
- 裁判手続
- 消滅時効
- 相続と破産
- 債権の消滅
- 応用編

1　債権管理もクライマックス！

　何をしても支払ってもらえない、反応がない。このまま時が過ぎていくだけでは、債権は時効にかかってしまって、支払われないまま権利が消滅してしまいます。自治体に強制徴収権が認められている「自力執行債権」であれば、債務者の財産を差し押さえることもできます。しかし、こうした権限のない「裁判執行債権」では、債権を回収するための最終手段となるのは、裁判手続を利用するほかありません。法令においても、督促をしても支払わない債務者に対しては、訴訟手続によって請求すべきであるとされています（地方自治法施行令第171条の2⇒176頁）。

　しかし、裁判手続には、専門的な知識や技術も必要ですし、費用と手間がかかるものです。お金も時間もかけてやっと裁判に勝ったとしても、債務者に支払いに応じるだけの財産や収入がなければ、結局、金銭を受け取ることはかなわず、徒労に終わってしまいます。したがって、どんなものでも裁判に訴えられるものではないのです。裁判をすれば回収が確実に見込まれ、裁判にかかるコストに見合うものだけに限られてきます。

2　事前に債務者の財産を調査

　そこで、裁判手続を経れば確実に債権の回収が可能であることを見極めるため、裁判の前準備として、債務者が支払いに充てられるだけの確実な財産を持っているのかを調査することが必要です。ここで、第3章で解説したように、債務者との相談・交渉の際、債務者から聴いておいた所得や資産の情報が大いに役立ってきます。

　まず、債務者の財産に着目すると、把握しやすく、一般的に価値も高いのが不動産です。債務者の住所地にある不動産が本人のものであるのか、法務局で不動産登記を調べればわかります。

　次に、目に見えるものでは、自動車があります。運輸支局の自動車検査登録事務所で自動車の保有者を確認するのですが、残念ながらその請求には、自動車のナンバーに加え、通常、車体のエンジンルーム内や車検証に記載される「車台番号」が必要になるため、実際には調査できないことのほうが多くなります。

　また、債務者の勤め先は、裁判のあと、強制執行の段階で給与を差し押さえるための有力な情報になります。

　預金など、金融機関の取引情報を照会することも可能ですが、任意の調査になることから、個人情報の管理が厳しい昨今、現

実的には難しいものとなっています。

　このように債務者の財産に関する情報を収集することが困難な状況にありますので、債務者との相談時に本人から聴き出しておくことが、裁判手続へ進める時に、手続を円滑に進められることにつながってきます。

　以上のように、債務者の財産については、本人から聴き出しておかないかぎり、調査できる内容は限られています。自力執行債権のように、強制徴収権という強力な権限が認められているものには、その権限を行使するために必要な財産調査の権限も、広範かつ強制力をもって認められています。しかし、裁判執行債権にはそうした権限が認められていません。調査の根拠となるのは、自治体が債権を十分に管理しなければならないという使命や立場であり、支払いがなされないのでは住民に対する責任をまっとうしていないといった具体性に欠けるものです。それでも粘り強く協力を求めるしかありませんが、調査を受ける相手方にとっては、強制力がなく、あくまで任意で応ずればよいものになります。裁判手続の利用を義務づけておきながら、その前提として欠かせない調査権を認めていない現行法には、何とも困ったものです。

3　簡易な裁判手続の利用（支払督促）

　裁判手続にも、通常の訴訟以外に、いくつか種類があり、それぞれに特徴があります。その中で、自治体の債権回収のために使い勝手が良いとされるのが「支払督促」という裁判手続です。

　支払いの督促と聞くと、まだ支払いを請求できるだけみたいで、何だか弱い感じがしますね。でも、大丈夫。この支払督促によって、裁判所が自治体の請求を認める決定をすれば、それは通常の裁判の判決と同じ効力を持ちます。

　支払督促の手続には、次のような特徴があります。

・裁判所書記官の書類審査のみで決し、通常の訴訟に比べ、申立てにかかる費用は低廉である
・債務者の住所地を管轄する簡易裁判所へ申し立てなければならない
・公示送達が認められず、所在不明の債務者に対する申立てはできない
・債務者は、支払督促に対して異議を申し立てることができる。債務者から異議が出れば、通常の訴訟に移行する

　債務者の住所地が遠ければ、それだけ遠隔の簡易裁判所に行

かなければなりません。また、支払う金額が大きければ、債務者からすると、簡単には受け入れることができず、異議を申し立てる可能性が高いと想定されます。異議を申し立てられることがあらかじめ想定されるのであれば、はじめから通常訴訟を起こしたほうが効率的です。

これらの特徴をふまえると、支払督促の手続ができるのは、次の条件をすべて満たす債権になります（図表4－1参照）。

図表4-1　支払督促を選択する条件

- 債権の存在については争いがないと判断されること
- 債権額がすぐに債務者が支払いに応じられる程度のものであること
- 債務者の住所が出張可能な近郊の簡易裁判所の管轄区域であること

なお、「支払督促申立書」をはじめ、裁判所へ提出する書類については、裁判所のホームページに様式が掲載されています（図表4－2参照）。債権の権利関係は画一的な内容ですので、通常の訴訟における訴状のようなややこしい記述は必要ありません。

支払督促の申立てにあたり注意が必要なのは、議会の議決との関係です。

図表 4 － 2　支払督促申立書の様式例（出典：裁判所ホームページ）

収入印紙
（消印しない）

支払督促申立書

請求事件

当事者の表示　　　別紙当事者目録記載のとおり

請求の趣旨及び原因　　別紙請求の趣旨及び原因記載のとおり

「債務者　　は，　　　　債権者に対し，請求の趣旨記載の金額を支払え」
との支払督促を求める。

申立手続費用　　金　　　　　　　　　　　円
内　訳
　　申立手数料（印紙）　　　　　　　　　　　　　円
　　支払督促正本送達費用（郵便切手）　　　　　　円
　　支払督促発付通知費用　　　　　　　　　　　　円
　　申立書作成及び提出費用　　　　　　　　　　　円
　　資格証明手数料　　　　　　　　　　　　　　　円

平成　　年　　月　　日
　住　　所：〒
　（所在地）
　債権者氏名：
　（名称及び代表者の
　　資格・氏名）
　　　　　　　　　　　　　　　　　　　　　　　　印
　（電話：　　　　　　　　　　　）
　（FAX：　　　　　　　　　　　）

　　　簡易裁判所　裁判所書記官　殿

受付印

価額　　　　　　円
貼用印紙　　　　円
郵便切手　　　　円
葉書　　　　　　枚
添付書類　□資格証明書　　　　通
　　　　　□　　　　　　　　　通
　　　　　□　　　　　　　　　通

貼用印紙	円	
郵便切手	円	
葉書	枚	

※　上記用紙については，太い黒枠内について記入してください。
　　項目を選択する場合には，□欄に「レ」を付してください。

当事者目録

債権者		住　　所：〒 （所在地） 氏　　名： （名称及び代表者の 資格・氏名） 電話： ＦＡＸ：
	送達場所等の届出	債権者に対する書類の送達は次の場所に宛ててください。 □上記の債権者住所 □債権者の勤務先 　名　称： 　所在地：〒 　電話： 　ＦＡＸ： □その他の場所（債権者との関係：　　　　　　　　　　） 　住所：〒 　電話： 　ＦＡＸ： 　送達受取人：
債務者		①住　　所：〒 　（所在地） 　氏　　名： 　（名称及び代表者の 　資格・氏名） 　電話： 　ＦＡＸ： ②住　　所：〒 　（所在地） 　氏　　名； 　（名称及び代表者の 　資格・氏名） 　電話： 　ＦＡＸ：

※ 項目を選択する場合には，□欄に「レ」を付してください。

請求の趣旨及び原因

請求の趣旨

1　金　　　　　　　　円
2　（□上記金額，□上記金額の内金　　　　　　　円）に対する
　　（□支払督促送達日の翌日，□平成　　年　　月　　日）
　　から完済まで，年　　％の割合による遅延損害金

3　金　　　　　　　　円（申立手続費用）

請求の原因

※　項目を選択する場合には，□欄に「レ」を付してください。

自治体が通常の訴訟を提起するためには、あらかじめ議会の議決を受けておくことが必要です（地方自治法第96条第1項第12号⇒167頁）。この点、簡易な裁判手続である支払督促の申立てには、議会の議決は不要とされています。しかし、支払督促に対して債務者が異議を申し立てれば、通常の訴訟へ移行することになります。通常の訴訟に移行しても手続を続行させるためには、この時点で訴訟の提起に関する議会の議決を受ける必要があるのです。

　したがって、債務者から異議を申し立てられ、通常の訴訟に移行するということがあり得ることに備え、議会には支払督促の申立てを行う際に、異議が出れば通常訴訟に移行し、その時点で訴えの提起についての議決が必要となることを先に説明しておくべきでしょう。

4　通常訴訟

　支払督促が適さない場合や、支払督促の申立てに対し債務者から異議が出た後は、通常の民事訴訟になります。

　訴訟を提起するためには、あらかじめ議会の議決を受けることが必要です。中には、一定額以下のものについては、専決処分といって議会の議決を受けずに自治体の長だけで訴訟の提起を決定することが認められている自治体もあります。ただし、

この場合にも、事後に議会への報告は必要です。

　訴訟対応については専門的な知識・技能と法廷での経験が欠かせないことから、ほとんどの自治体では、弁護士に委託することになります。

　したがって、訴訟には弁護士費用がかかり、さらに、例えば、債務者の所有する不動産を差し押さえ、競売するためには、事前に数十万円の予納金を払う必要もあります。これらの費用などを含めて訴訟の採算性を考慮に入れ、訴えを提起すべきかを検討しなければなりません。

　訴訟に対応するためには、弁護士や法務（総務）部門と十分に連携し、訴訟で使用する文書や資料など、他の業務に優先して準備を進める必要があります。こうした対応のとれる体制を整備しておくことも欠かせません。

　以上、支払督促にしても、通常訴訟にしても、裁判所から自治体の債権の請求が認められれば、その執行として、これも裁判所を通してになりますが、差押えの手続をとることが可能になります。

5　裁判までが債権管理

　ここまで見てきたように、自治体が債権の回収のために利用する裁判手続としては、支払督促と通常訴訟の2種類を想定し

ておけば大丈夫です。条件さえ合えば、簡易で比較的低廉な支払督促を優先して活用し、条件が合わない債権の場合には、通常訴訟を選択することになります。

　裁判となると、たしかに担当する職員としては勇気のいることです。しかし、同じくちゃんと支払ってくれている住民からしたら、払わないで許されてしまう住民がいるということには納得できないでしょう。債権は自治体の財産ですから、場合によっては、債権の管理が不十分、回収の手続も尽くしていないと住民訴訟を起こされるかもしれません。また、裁判手続を利用することまでを想定に入れておかなければ、督促や支払いの交渉の場面で、毅然とした態度がとれないでしょう。

　どの程度の未払いのものをもって裁判手続へ進めるかの判断は、単に裁判コストと回収見込額との比較だけで決められるとは限りません。裁判単体で見ればコストが上回ってしまうとしても、例えば、払えるのに払わずに済ませようだとか、不正な手段を使って自治体から給付を受けるなど、いわゆる悪質な滞納者に対しては、再発を防止する意味でも、裁判に出なければならないこともあるでしょう。

　このあたりのところは、各自治体の考え方次第で違ってきます。行政サービス提供の持続性を図り、住民のためと考えて、確実な回収に向けた裁判手続にも、ぜひチャレンジしてください。

この章のポイント

- 督促や催告にも応じない債務者から債権を回収するために裁判手続を利用するときは、債務者に所得や資産があり、確実に回収が見込まれることを事前に調査しておかなければならない。ただし、裁判執行債権では、債務者の財産を調査できる範囲がとても限られているため、支払いの相談を行う時に、債務者から具体的にくわしく聴き出しておくことが最も効果的である。
- 自治体が債権を回収するために利用する裁判手続については、「支払督促」が使えるのかを最初に検討する。支払督促が利用できないときに、通常の訴訟を提起することを選択することになる。
- 通常の訴訟を提起するためには、議会の議決が必要である。支払督促自体には議決が不要であるが、その申立てに対し債務者から異議が出れば、そこから通常の訴訟に移行するため、その時点で議会の議決が必要になる。議会には、支払督促を申し立てる時点で説明しておくべきである。
- 自治体の債権管理では、支払いに応じない債務者に対し、裁判手続を利用して回収することまでが求められる。

第5章

消滅時効

1　消滅時効は難しいよ～（泣）

　債務者から支払いのないまま時間だけが過ぎていくと、自治体の持っている債権であっても、時効によって権利が消滅してしまいます。時効で債権を消滅させることのないように注意しなければいけません。自治体の債権については、地方自治法第236条に消滅時効に関する規定があります（⇒172頁）。ところが、自治体の持っている債権であっても、その性質により、この地方自治法の規定が適用されるものと、そうでないものに分かれます。この消滅時効に関する法律の適用区分が、債権管理の中でもっとも難解なものです。ここで適用する法律を誤ってしまうと、法律違反ということになってしまいますので、注意しなければなりません。正しく理解するために、ここはじっくり見ていきましょう。

2　債権の賞味期限と消費期限

　みなさん、食べ物の「賞味期限」と「消費期限」の違いはおわかりですか？（図表5－1参照）

図表5-1　賞味期限と消費期限の違い（出典：農林水産省ホームページを元に筆者作成）

賞味期限	食品をおいしく食べることができる期限で、期限を過ぎてもすぐに食べられなくなるということではない
消費期限	食品を安全に食べられる期限で、期限を過ぎたら食べないほうがいい

　つまり、期限が過ぎても、まだ賞味期限の場合には食べられる可能性がありますが、消費期限の場合にはもう食べられません。これと同じようなことが、債権の消滅時効に出てきます。

　自治体の債権も、債権者が債務者に対して支払いを求めることができるという点では、民間で扱う一般的な債権と同様であることから、時効についても、民法の規定が原則として適用されます。

　ここで、民法で定める時効制度について簡単に触れておきましょう。民法では、債権が時効で消滅するには、時効期間の10年（1年・2年・3年・5年の例外があります）を経過したことに加え、債務者が時効制度を利用して債務を消滅させる意思を明確にすることが必要です。民法では、当事者の自由な意思と活動にゆだねることが基本です。時効によって自らの義務が消滅することを良しとしない債務者のために、時効についても、債務者がこれを活用して支払いの義務を免れるメリットを受けるのかどうかを本人が選択できるようにしているのです。時効制度を利用するという債務者のこの表示を、法律では時効の

「援用」といいます（民法第145条⇒181頁）。

　この民法の規定によると、時効期間が経過しても、債務者が時効の意思を明確にしない限り、債権はなお残ることになります。しかし、これを自治体のすべての債権に適用して債務者の意思が明確になるまで待つことにすると、安定的・画一的な行政運営に支障が出てしまう可能性があります。

　そこで、地方自治法では、時効期間を5年に短縮するとともに、時効期間を経過すれば、債務者の意思（時効の援用の有無）に関わりなく、画一的に権利は消滅するという民法の例外規定が設けられました。一般の債権とは異なり自治体特有と認められる債権には、この地方自治法の消滅時効に関する規定が適用されます。

　以上のことから、自治体の債権では、消滅時効について、民法の規定が適用されるものと、地方自治法の規定が適用されるものと、大きく2種類に分かれます（このほか、商法の規定もあるのですが、ほとんど適用されることがありませんので、ここでは省略します）。民法の規定が適用される場合には、「賞味期限」と同じく、時効期間を経過しても支払いを受けられる可能性が残ります。これに対して、地方自治法の規定が適用される場合には、「消費期限」が切れるのと同様、時効期間が経過すると、権利は完全に消滅し、以降、一切支払いを受けることができなくなります。どちらの法律が適用されるかによって、

図表5-2 民法と地方自治法の消滅時効

民法の消滅時効 （≒賞味期限）	時効期間が過ぎても、債務者が時効を主張するまでは請求することができる
地方自治法の消滅時効 （≒消費期限）	時効期間が過ぎたら権利が消滅し、もう請求はできない

時効期間を経過したあとの取扱いが大きく異なってくるということを、まずは理解しましょう（図表5-2参照）。

なお、以上の話は、強制徴収権のない裁判執行債権に関するものです。強制徴収権の認められている自力執行債権には、民法が適用されるものはなく、地方自治法が適用されるほか、介護保険料や後期高齢者医療保険料といった保険制度においては、介護保険法や高齢者の医療の確保に関する法律といった個々の法律で時効期間を2年と短く定めているものもあります。保険制度ではその年度の支出を同じ年度の収入によって賄うとする会計年度の考え方を徹底することからきています。

3 民法か？地方自治法か？それが時効の問題だ

ここまで見てきたように、自治体の債権管理では、消滅時効について、民法の規定の適用を受けるのか、地方自治法の規定の適用を受けるのか、その分類が重要になってきます。

ところがです。こんなに重要なことなのに、この区別を明確

にした基準となるべき法律の規定が存在しないのです。なんとも不思議なことです。そのため、自治体が各自で考えて決めているのが実情です。実際に、学童保育の利用にかかる料金を例に挙げれば、全国のどの自治体でも同じようなサービスを受けられるものであるにもかかわらず、この債権の消滅時効に関して適用を受ける法律が、自治体によって、地方自治法であったり、民法であったり、さらには、民法の中で2年といったり、5年といったりと、もはやカオス！バラバラの結論になるおかしな事態になっているのです。

　どちらの法律の適用を受けるのか。この分類については、「民法の消滅時効の規定では、行政の安定的・画一的な運営ができない」として設けられた地方自治法の消滅時効に関する規定の趣旨から考えていくことになります。つまり、安定的・画一的な行政運営のために、地方自治法の適用が欠かせない債権なのか、その必要はなく、民法を適用しても行政に支障のない債権なのか。この考えによって区別していきます。

　多くの解説書では、地方自治法の規定の適用を受ける債権を「公法上の債権（または公債権）」、民法の規定の適用を受ける債権を「私法上の債権（または私債権）」と呼んでいます。ただ、公法、私法という言葉自体、難解です。さらに、公法と私法の区別となると、行政の活動が広範囲にわたっている現代の自治体においては困難であり、話が複雑になります。こうした

議論が債権管理を難解なものに感じさせてしまった最大の要因でもあります。もちろん、法令に基づいて正しく仕事をするために重要な内容であることは確かなのですが、実務においては、地方自治法が適用されるのか、民法が適用されるのかが重要です。難解なイメージを避けるため、本書では、端的にその債権に適用される法律名を挙げて説明していきます。

4　お待たせの分類結果！！

　みなさんも、そろそろ自分の担当している債権が、どちらの法律の適用を受けるのか気になってきたでしょう。以下、調布市の分類を例に紹介しながら、具体的に見ていくことにしましょう（図表5-3参照）。

　地方自治法と民法のどちらの法律の適用を受けるのかの問題ですから、その債権が、地方自治法の規律する自治体と住民との関係になじむのか、民法の規律する私人と私人、つまり民間同士の関係に近いのか、大まかには、こうしたイメージで分類をします。

　調布市で具体的にどのように区別しているかというと、債権者である自治体と利用者である住民と、どちらがサービスの提供について主体的に決定することができるのかに着目します。つまり、利用者のほうで、サービスを利用するかどうかや、提

図表5-3　消滅時効の適用法に関する分類(調布市の例)

No	種類	適用法	時効期間	カテゴリー
①	老人保護措置費負担金	地方自治法	5年	措置費
②	児童手当返還金	地方自治法	5年	返還金
③	生活保護費返還金	地方自治法	5年	
④	国民健康保険不当利得返還金	地方自治法	5年	
⑤	延長保育料	民法	5年	行政サービスの料金
⑥	保育園一時預かり(一時保育)使用料	民法	10年	
⑦	学童クラブ(学童保育所)育成料	民法	5年	
⑧	介護保険サービス自己負担金	民法	10年	
⑨	廃棄物処理手数料	地方自治法	5年	
⑩	公営住宅使用料	民法	5年	
⑪	(法定外)公共物占用料	地方自治法	5年	
⑫	緊急援護資金貸付金	民法	10年	貸付金

供を受けるサービスの内容を選択することができ、自治体と利用者の間で契約行為を取り交わすようなものについては、自治体と住民とが対等な関係にあり、民間同士の関係に近いものになりますので、この債権には民法の消滅時効の規定が適用されます。これに対し、法令で決められている条件や基準を満たせば、利用者の意思に関わらず、自治体が一方的に決定をして、

サービスの提供を開始し、その内容も決めるようなものについては、自治体と住民との関係が対等とはいえませんので、地方自治法の消滅時効の規定が適用されます。

　以上のことをふまえて、もう一度、調布市の分類結果（図表5－3参照）をご覧ください。この並び順には、実は意味があります。地方自治法になじみやすいカテゴリーの債権から順に並び、下にいくほど、民法に近いカテゴリーの債権になっています。カテゴリーは4つに分かれます。具体的に見ていきましょう。

　最初に①の債権は、「措置費」のカテゴリーで、自治体が住民の意思にかかわらず、措置という形で一方的に決定するものです。したがって、このカテゴリーに入る債権には地方自治法が適用されます。

　次に②から④までの債権は、過払や誤支給があった場合の「返還金」のカテゴリーです。不正な手段を用いて手当の支給を受けたり、条件を誤って支給をしてしまったりしたような場合には、支給を受けた人に対し、自治体は返還を求めなければいけません。②から④までに掲げたサービスは、いずれも法律に根拠があり、法律に定めた条件・基準に従って自治体が主導的に支給を決定するものですので、地方自治法になじみやすいものです。この返還を求めるわけですから、同様に地方自治法が適用されると考えます。ただし、法律や条例に根拠を持たな

いサービスでは、自治体が一方的に決めることはありません。民間同士においても、不正な請求や誤って利益を渡してしまうことがあれば、当然、相手方に返還を求めることができます。したがって、図表にはこの例がありませんが、この場合の自治体の返還金については、民法が適用されることになります。

続いて、⑤から⑪までの債権は、行政サービスの提供を受ける対価として支払う「行政サービスの料金」のカテゴリーです。近年、自治体においても、「契約」の考え方が広く取り入れられていることから、このカテゴリーでは、民法が適用されるものが多くなっています。地方自治法が適用される⑨と⑪の債権では、自治体でしか提供が認められていないものや、特別に利用を認めるもので、利用する側に選択の余地がなく、自治体の主導で決めているものになります。それ以外のものについては、法律や条例に根拠をもつサービスもありますが、いずれも利用する側で、そのサービスを利用するかどうか、どのサービスを利用するのかを決定することができますので、民法が適用されます。民法の中で時効期間が５年となっているものがありますが、これは「定期給付債権」と呼ばれるもので、月極めとするなど月ごと、年ごとに定期的に支払いを受けるものに適用されるものです。さらに、バスの運賃のように２年の時効期間になるものもあります。

さいごの⑫の債権は、「貸付金」のカテゴリーです。自治体

の金銭の貸付けは、さまざまな行政目的からなされるものですが、住民が借入れを希望し、これに対して自治体が貸し付ける契約の構造は、民間で行われる貸付けとなんら変わりありません。このカテゴリーの債権は、すべて民法が適用されます。

　このように、自治体と住民との関係が民法の規律と異なる債権については、安定的・画一的な処理が優先され、特別に認められた地方自治法の規定が適用されることになります。まずは、この考え方に従って、自分の担当する債権を分類してみましょう。

　さて、調布市では、この分類結果を得るまでに２年の歳月を費やしてきました。判例を分析し、解説書を調べ、先進自治体の考え方を参照し、債権を取り扱っているすべての部署の職員と何度も検討を繰り返しながら、市の顧問弁護士お二人による法律の専門的な検証を幾重にも重ねて分類したものです（第８章参照）。十分な検証を積み重ねて分類したものですので、この結論は裁判にも耐えられる客観的な正当性をもったものになっていると自負しています。まだ分類の終わっていない自治体の方にとって、参考になりましたら幸いです。現状では、この分類を各自治体で決めていくことにはなるのですが、できるだけ考え方を全国で統一していくことで、くつがえしがたい強固な結論になっていくと考えています。今後は、各自治体が横のつながりを持って、消滅時効の考え方を全国でまとめていき

たいものです。

5　時効で権利を失わないために

　債権は自治体の大切な「財産」です。負担の公平性からも、時効期間を経過させて、債権が消滅してしまうのをできるだけ防がなければいけません。

　そのため、未払いが長く続いている債権については、いつ時効期間を満了するのかを常に意識しながら管理することが必要です。債権管理台帳には、時効に関する情報を記録することも重要であったことを想い出しましょう（第2章参照）。債権管理台帳に、具体的に時効期間の満了する日付を載せられれば、明瞭になり管理の強化につながります。

　ところで、時効期間を経過する前に債務者から支払いを受けることが鉄則ですが、さらに時効制度には、時効期間の進行を止める手段が認められています。これまでにも、本書のところどころで登場していますが、この手段を法律では時効の「中断」といっています。時効の中断が認められると、その時点で時効期間がリセットされて振り出しまで戻すことができ、またゼロから時効期間が再開することになります。

　時効を中断させる手段としては、図表5-4に掲げるものがあります。いずれの手段もこれまでに出てきたものばかりです

図表5－4　時効を中断する手段

---
①納入通知
②督促
③裁判などによる請求
④差押えなど
⑤債務の承認

ね。

　①と②は自治体のみに中断の効力を認められた特別な手段ですが、中断できるのは1回に限ります（第3章参照）。また、③と④は裁判手続の利用が必要な手段で、万能とはいえず、すべての債権に活用できるとはいえません（第4章参照）。

　これらに対し、⑤の承認は債務者との交渉だけで時効を中断できる手段であり、どの債権にも活用できる万能な手段です。さらに、何度でも繰り返し中断することができます。したがって、実務では、時効を中断させる手段としてもっとも有効なものになります。債務者との相談・交渉の際には、必ず債務の存在を確認させ、承認を求めましょう（第3章参照）。

　これらの手段は時効を中断させる重要な効力をもっていますので、必ず書面により行います。承認は、何度でも中断の効力が認められますので、未払いが長引いてきたら、時効期間の満

了日に注意しながら、適時、債務者に承認を求め、時効期間が満了するのを防いでいく管理が必要です。

時効を中断すると、その時点から新たに時効期間が進むことになりますので、この点に注意しながら時効期間を算定しましょう（図表5－5、5－6参照）。

図表5－5　時効期間の起算点

以下の中断理由（裁判手続によるものを除いています）のうち、最後に行われたものの日付を起算点として、その翌日から時効期間を算定します。
納入通知、督促、債務の承認、一部の支払い

6　賞味期限切れは早めに処分（権利の放棄）

ここで、こんなことを疑問に思った人はなかなかの鋭さです。

『消滅時効について民法の適用を受ける債権の場合、時効期間が経過した時点で、債務者の所在がわからなくなっていたら、債務者は時効で債務を消滅させたいのかどうかその意向を確認することができません。自治体とすれば、債務者と連絡が取れず、請求もできないのに、いつまでも権利は消滅せず、ずっと債権を持ち続けて管理しなければならないのでしょうか？』

図表5－6　時効期間の算定方法

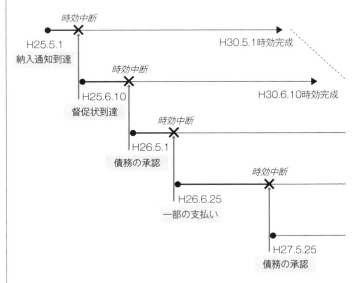

（注）通常、納入通知を送る時点では、時効が進行していないため、支払期限が時効期間の起算点となる。納入通知により時効が中断し、その時点から時効期間を算定するのは、返還金などの債権の場合である。
　　時効の完成は、表示した日付の終了した時点（24時）となる。

第5章 ● 消滅時効

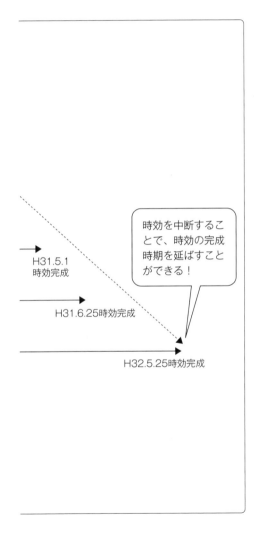

その通りです。このままでは、いつまでもこの債権は消滅しないのです。自治体は支払いを受ける見込みもないのに、永遠に債権を管理しなければならなくなります。

　でも賞味期限の切れたものを、好んで食べたいと思う人はいないですよね。

　すでに債務者の所在が不明になっていて、その人の意向を確認しようがない場合はもちろんのこと、たとえ債務者の所在がわかっていたとしても、すでに時効期間が経過した時点では、債務者に請求してもその人から時効の成立を主張されてしまえば、その時点で権利は消滅してしまうという状態です。この段階で裁判に訴えてみても、時効を援用されることは明白で、回収できる見込みはほぼありません。かといって、まだ債権としては消滅していないのに、これを消滅したものと勝手にみなすことは、自治体の財産を無断で処分することになってしまいます。

　そこで、消滅時効について民法の適用を受ける債権が時効期間を経過してしまった場合、それを消滅させる方法として、権利を放棄するという手続を取ります。債権の権利者である自治体から債務者に対し、支払いを受ける権利を一方的に「放棄」するということになります。自治体の大切な財産である債権を放棄するということですから、慎重かつ適正に行われるよう、議会の議決が必要になっています（地方自治法第96条第1項第

10号⇒167頁)。

　調布市では、2年かけて債権管理の統一ルールを作成しましたが、ルール運用の開始と同時に、年1回、決算の議会に合わせて、債権に関する権利の放棄について議会へ議決を求めることとしました。

　民法の時効期間を経過しただけでは債務者から任意に支払いを受けられる可能性はまだ一応あります。消費期限ではなく、賞味期限が切れただけなのですから、なお請求を続けるというのも一つの考えでしょう。しかし、5年も10年も支払いのなかったものです。時効期間を経過している以上、裁判を起こすことも事実上不可能です。果たしてどれだけ回収の見込みがあるといえるでしょうか。こうしたものに手間をかけているより、その力をほかの債権、ほかの仕事に振り向けるべきではないでしょうか。これはそれぞれの自治体が、賞味期限切れのものを処分することをどれだけ「もったいない」と感じるか。このあたりが、各自治体で、権利を放棄する債権の対象をどこまでの範囲とするのかの基準づくりにかかってくるといえるでしょう。

　これから債権の整理を検討する自治体の参考に、調布市で実際に議会へ提出する議案の例をお示ししておきます（図表5－7参照）。

図表5-7　権利の放棄についての議案（調布市の例）

議案第〇〇号

　　権利の放棄について

上記の議案を提出する。

　平成〇〇年　9　月　〇　日

　　　　　　　　　　提出者　調布市長　〇　〇　〇　〇

提案理由
　地方自治法第96条第1項第10号の規定により，提案するものであります。

権利の放棄について

市は，次の債権を放棄する。

1　債権の内容
　　○○○○料
2　債務者
　　２０人
3　放棄する債権額
　　５５６，５００円
4　放棄の理由
　　当該債権の消滅時効における５年の時効期間（民法（明治２９年法律第８９号）第１６９条）の経過により，裁判手続による執行の方法を利用することが事実上できず，収納が困難であるため

（参　考）

○○○○料
放棄対象債権内訳表

番号	放棄する債権額	利　用　月	備　　考
1	19,000円	平成11年11月～平成12年3月	市内在住
2	54,000円	平成12年4月～平成13年3月	市外転出
3	36,000円	平成12年8月～平成13年3月	市外転出
4	10,000円	平成15年4月，5月	市内在住
5	15,000円	平成15年4月～6月	市内在住
6	25,000円	平成16年3月，6月～9月	市外転出
7	15,000円	平成16年5月～7月	市外転出
8	50,000円	平成16年6月～平成17年3月	市外転出
9	135,000円	平成17年1月～平成19年3月	市外転出
10	30,000円	平成17年4月～9月	市外転出
11	60,000円	平成17年4月～平成18年3月	市外転出
12	2,500円	平成17年5月	市外転出
13	15,000円	平成18年4月，5月	市内在住
14	5,000円	平成20年3月	市外転出
15	10,000円	平成20年8月，9月	市内在住
16	25,000円	平成20年11月～平成21年3月	所在等不明
17	15,000円	平成21年1月～3月	市外転出
18	10,000円	平成21年2月，3月	市内在住
19	10,000円	平成21年6月，7月	市内在住
20	15,000円	平成21年8月～10月	市内在住

納期限　各利用月の末日　時効期間　5年

7　債権管理条例をつくる意義

　以上のように見てきた権利の放棄についての手続を、より効率的に進めようとしてつくるのが「債権管理条例」です。権利の放棄については、別に条例を定めれば、議会の議決を受けなくてもよいとされているからです（地方自治法第96条第1項第10号⇒167頁）。債権管理条例のない自治体でも、個別の条例で支払いを免除する規定を設ければ、その債権については同様の効果があります。調布市では、生活に困窮する世帯への一時的な生活資金の貸付けとして緊急援護資金貸付金がありますが、例外的に返済を免除することがあることを条例で定めています。みなさんの自治体でも、条例に免除の規定がないか調べてみてください。

　債権管理条例をつくる一番の意義は、この権利の放棄についての議決に代わる規定を設けることにありますので、どこの自治体の債権管理条例にも、必ず債権の放棄についての規定があります。権利を放棄して迅速に処理しなければならない債権を多く抱える自治体にとっては、この債権管理条例を定めることがとても効果的ですが、この場合でも、専決処分の場合と同様に、事後に議会で報告することは不可欠です。

8　余談ですが…

　ここまで見てきてお気づきでしょうが、はっきり言って、債権の消滅時効では、地方自治法が適用されたほうが「楽」です。安定的・画一的な行政運営の要請は、どの債権も自治体が取り扱っているものなのだから、すべてに共通することではないかと考えたくもなります。調布市においても、「できれば地方自治法が適用されると考えたい」と訴えるたくさんの声を、債権を取り扱っている部署の面々からいただいたものです。

　しかし、残念ながら最高裁判所の判例で、公立病院の診療代金（最判平成17年11月21日最高裁判所民事判例集59巻9号2611頁⇒215頁）や水道料金（最決平成15年10月10日判例集未登載⇒214頁）の消滅時効には民法の規定が適用されると、すでに具体的に判断が下されています。現状においては、地方自治法と民法の使い分けを前提にせざるを得ません。

　現在、時効制度を含む民法の改正が予定されています。改正案では、民法の消滅時効期間が原則10年から5年に短縮され、地方自治法と同じ年数になっています。これに伴い地方自治法の規定の改正は、内容には手を加えずに民法の文言に合わせただけにとどまったようですが、これによって最高裁判所の考え方が変わらないかと、筆者はひそかに楽しみにしています。

この章のポイント

- 自治体の債権の消滅時効については、民法の規定が適用されるものと地方自治法の規定が適用されるものの2通りある。どちらの法律が適用されるのかを各自治体で分類しなければならない。
- 地方自治法の規定が適用される債権は、食品の「消費期限」と同じように時効期間が経過すれば権利が消滅してしまうのに対し、民法の規定が適用される債権は、食品の「賞味期限」と同じように時効期間が経過しただけでは権利は消滅せず、債務者からの「援用」があってはじめて権利が消滅する。
- 調布市では、裁判執行債権を「措置費」「返還金」「行政サービスの料金」「貸付金」の4つのカテゴリーに分けたうえで、自治体とサービスの利用者のどちらがサービスの提供について主体的に決定することができるのかに着目して、地方自治法と民法の適用を区分している。
- 時効で債権が消滅してしまわないように管理することが必要である。債権管理台帳で時効期間を把握しておき、時効となる前に支払いを受けることが鉄則であるが、未払いが長引くケースであれば、定期的に債務者に債務の承認を求めるなどして、時効を「中断」させることにより、自治体の大切な権利を守っていかなければならない。

●民法の規定が適用される債権で債務者からの援用がないものを消滅させて整理するためには、「権利の放棄について」の議会の議決が必要である。自治体によっては、個々の条例で支払いの「免除」について定めたり、「債権管理条例」を制定したりして、議会の議決を不要としているところもある。

episode
2

債権の消滅時効に関する検討はまさに「格闘！」

　自治体の債権の消滅時効について、地方自治法の規定が適用されるのか、民法の規定が適用されるのか、筆者の所属する調布市では、2年の歳月をかけてこの適用法令の分類を行いました（第5章参照）。

　実のところ、この分類は決して順調に進んだものではなく、むしろ結論が二転三転するといった悪戦苦闘する毎日でした。

　債権の消滅時効について、どの法律の規定が適用されるのか、それを区分する基準が法令には定まっていないことから、裁判所が関連する事案で下す判断（判決）が一番の手掛かりとなってきます。そのため、判決内容の捉え方をはじめとした法律の専門的な検証が欠かせず、市の顧問弁護士である先生お二人にご教示いただくこととなりました。

　まずは、いろいろな判決に振り回されるとおかしなことにもなるとのことから、参考とする判決は、基本的に結論の覆りにくい最高裁判所のものに絞りました。

　巻末にも参考判例を載せていますが（⇒213頁）、自治体の債権については、早期の決済と画一的な処理の要請から、地方自治法に民法の例外となる消滅時効の規定が設けられ、10年の時効期間を5年に短くするとともに、時効の成立に債務者の援用

は不要とされたと考えることが、判例から読み取ることができます。これによれば、自治体の管理する債権のほとんどにあてはまるともとれますので、検証開始当初は、自治体の債権については、原則として地方自治法の消滅時効の規定が適用されると考えられるのではないかとなりました。自治体が5年間管理しても収入できなかったのだから、殊更、それを10年も管理しなければ時効消滅せず、処理ができないというのは、いささか不合理であろうとの考えからです（現在、民法の改正案が国会に提出されていますが、時効期間を10年から原則5年に縮めており、この考えには合理性があるといえます⇒191頁）。

　調布市では、弁護士の先生方へのご相談と併行して、債権管理の関連部署の職員で構成する調布市債権管理連絡会を設置して実務の視点から検討を進めており、この弁護士の先生方からのご助言・ご指導の内容については、逐一、連絡会で報告していました。時効期間が長くなり、さらに時効期間が経過しても債務者の意思を確認しなければ時効消滅しないとなれば、それだけ管理に手間のかかることであり、実務をつかさどる職員にとっては、自分の担当する債権には、地方自治法の消滅時効の規定が適用されたほうが好都合と考えるのが本音のところです。先の弁護士の先生の見解に触れ、連絡会でも地方自治法の規定が適用されることへの期待は、いやがおうにも高まります。

しかし、これに立ちはだかるのが、自治体の有する債権といえども、特別の規定がない限り民法が適用されるのであり、消滅時効についても、原則として民法が適用され、地方自治法の規定は特則であり、その趣旨にあてはまる場合に限定して適用されるものであると読み取れる判例の存在です。中でも、水道料金については、民法の消滅時効の規定が適用されるとして、結論を明確に示した判例の存在は大きなものがあります（⇒214頁）。なぜなら、下水道使用料については、強制徴収権の認められている自力執行債権であり、民法の適用される余地がないため、これと一緒に徴収している水道料金について、これに反して民法が適用されることはないと、実務では疑いなく信じられていたからです。この判例をはじめとして、民法の規定が適用されるとした判例の検証により、今度は、民法の規定を適用するのが原則となるのではないかとの考えに傾きます。さらに、生活保護費の不正受給や過誤払いに対する返還金などの「返還金」のカテゴリーに属する債権（第5章参照）についても、その発生根拠を不法行為や不当利得といった民法の規定に求めるしかないのであれば、消滅時効についても、民法が適用されるのではないかという疑問も呈されます。

　ここまでくると、弁護士の先生から教えを請うていながらも、話は混とんとし、時には禅問答のような様相になりかけること

もありました（もちろんトンチンカンな回答をしているのは筆者のほうです）。

　民法が適用されるとした判例について、まず、国が普通財産を売り払った際の代金では、売主と買主の関係は一般の売買と異ならず、たまたま売主が公共団体たる国であるというだけで、特別なことは何もないといえますので、これに民法を適用するということには納得がいきます（⇒213頁）。

　また、公立病院の診療代金についても、診療そのものが民間で経営する病院と異なることがないことからすると、民法が適用されるとしても、大きな違和感はありません（⇒215頁）。

　しかし、先ほどの水道料金となると、水道事業がただ水を売っているだけととらえられており、また、そこで説明したように、自力執行債権である下水道使用料と一体となって料金徴収している実態を併せ考えれば、両者の時効期間等が異なってくるという結論には合点がいきにくいものです。

　最終的には、自治体の債権に関して判断を下している最高裁判所の判例を一通り読み通したうえで、地方自治法の規定が適用される債権はどのようなものか、民法の規定が適用される債権はどのようなものかをそれぞれ整理してまとめたのが、本文で解説した調布市の分類結果となります（第5章参照）。

　弁護士の先生方のお力をお借りしてもなおこれだけ錯綜する

ということは、これまでの判例だけでは確たる解は得られないということでしょう。

　以上の過程を連絡会の職員にもすべて説明していたため、結果的には参加した職員を振り回してしまった格好となりましたが、錯綜しながらも議論を長く重ねたことで、さまざまな多角的な視点から検証することができ、それによって完成した「調布市裁判執行債権管理ガイドブック」には、弁護士の先生お二人のご助言と、債権を管理する部署からの声を、すべて詰め込むことができたと考えています。

　債権管理のルールづくりのうち、その8割から9割がこの消滅時効の適用法令の検証に費やされたといっても過言ではありません。こんな苦労をすべての自治体ですることはないだろうと筆者は感じています。「調布市の成果を、みなさんの自治体の債権管理にもお分けできたら」というのが率直な気持ちなのですが、みなさんはどうお感じですか？

第6章

相続と破産

- 債権管理の意義
- 債権の発生と台帳の管理
- 支払期限の到来
- 裁判手続
- 消滅時効
- **相続と破産**
- 債権の消滅
- 応用編

1 難しそう。でも、しくみがわかれば対応できる！

やや特殊で、時には回収が容易でなくなるケースとして、債務者が支払いを終える前に死亡して相続が発生するケースと、債務者が破産手続を開始するケースがあります。

「相続」や「破産」と聞くと、また難しく感じてしまって、つい敬遠しがちですが、債権管理のために押さえておくべきポイントは、そんなに多くありません。要領を覚えて、こうした事態にあっても怯えずに対応できるようにしましょう。

2 相続のしくみ

相続はだれにでも起こり得るものであり、みなさん個人的にも関心のあるところでしょう。この機会に理解してしまいましょう。

債務者が死亡しても、ただちに債権が消滅するわけではありません。相続では、相続人にとってプラスとなる財産だけではなく、マイナスの借金、債務も引き継がれます。まず、相続をするのはだれかというところから確認していきましょう。亡くなった人の権利義務を相続で引き継ぐのは親族です。相続人の範囲については、民法で決められています。

「配偶者」は常に相続人になります。これとともに、次の相

図表6-1 相続順位と相続割合

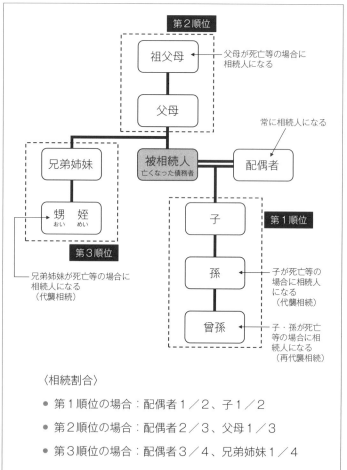

続順位に従って相続人が決まります。

　第1順位は「子」です。先に子が死亡しているときは孫が（これを代襲相続といいます）、子・孫とも死亡しているときは曾孫が相続人になります（これを再代襲相続といいます）。

　第1順位の子がいなければ、第2順位は「父母」になります。先に父母が死亡しているときは祖父母になります。

　子も父母もいなければ、第3順位が「兄弟姉妹」です。先に兄弟姉妹が死亡しているときは、甥・姪が相続人になります（これを代襲相続といいます）。

　相続人になる資格のある親族は、以上の範囲になります（民法第887条－第890条⇒196頁）。

　次に、各相続人が相続する割合は、相続の順位によって変わります（民法第900条⇒198頁）。それぞれの相続割合は図表6－1のとおりです。

　配偶者がいない場合には、それぞれの順位の親族だけで相続します。また、同じ順位に複数の親族がいる場合には、相続割合を頭数で按分します。例えば、相続人が配偶者と2人の子のケースで、子1人の相続分は、1／2（2人の子の相続分）÷2（子の人数）で1／4になります。

3　相続の拒否（相続放棄）

　しかし、借金をわざわざ相続したがる人も少ないでしょう。多額な借金を残したまま亡くなったケースでは、親族だからといって、これを相続で引き継がせることを強いるのは酷な場合もあります。そこで、相続人には、相続を断る相続放棄をすることが認められています。

　相続放棄を行うと、初めから相続人でなかったことになります。したがって、例えば、子が相続を放棄すれば、孫がいても代襲相続することはなく、次の相続順位にある親族に相続人の資格が移ります。相続放棄は、相続の開始を知った時、通常は死亡時になりますが、そこから3箇月以内に、亡くなった人の最後の住所地を管轄する家庭裁判所へ申述することにより行います。相続放棄した事実については、放棄の申述を行った親族から、家庭裁判所の発行する「相続放棄申述受理証明書」の写しで証明してもらいます。自治体は、債権者として相続について利害関係がありますので、親族ではなく、直接、管轄の家庭裁判所に相続放棄の申述の有無を照会することもできます（図表6－2参照）。

4 遺産分割と相続人代表

　相続では、遺産の分け方を相続人の間で協議をして決めることもあります（遺産分割協議）。

　しかし、債務については、この遺産分割協議の対象にならないため、相続の割合は、常に民法で決められたとおりになります。相続人が複数いれば、債務は民法の相続割合に従って分割され、それぞれの相続人に承継されます。したがって、この場合には、債権が相続人の人数分に分割され、一人の相続人に全額を請求することはできません。それぞれの相続人に対して、相続割合に応じた額の請求を行い、複数の債権として管理しなければなりません。相続人ごとに、それぞれ独立した債権・債務になりますので、時効を中断する効果についても、請求した相続人のみに生じ、他の相続人には及びません。これらの点に注意しましょう。

　ところで、相続人の一人から、親族の遺産分割協議の結果、自分一人が全財産を相続し、債務も全額を引き受けることとしたと申出がされる場合があります。こうした場合でも、他の相続人が相続放棄をしていない限り、債権者である自治体は、原則として、民法の定める相続割合に応じて各相続人に請求することができます。ただ、実際には、複数の相続人を相手にするよりも、相続人の代表者一人と折衝したほうが簡便です。特に、

図表6－2　相続放棄の申述の有無についての照会申請書の様式例（出典：東京家庭裁判所ホームページ）

1	2	3	T	

相続放棄・限定承認の申述の有無についての照会申請書		
受付印	平成　　年　　月　　日 　　　　東京家庭裁判所　　御中 住　所 照会者　　　　　　　　　　　　　印 電　話　　（　　） 担　当　（　　　　　　　　）	
添　付　書　類	1　被相続人の住民票の除票（本籍地が表示されているもの）　　通 2　照会者の資格証明書類　　　　　　　　　　　　　　　　　　通 　（戸籍謄本・住民票・商業登記簿謄本・資格証明書　　　　） 3　相続関係図　　　　　　　　　　　　　　　　　　　　　　通 4　利害関係の存在を証する書面　　　　　　　　　　　　　　通 　（　　　　　　　　　　　　　　　　　　　　　　　　　　） 5　委任状　　　　　　　　　　　　　　　　　　　　　　　　通 6　郵券貼付済み返信用封筒　　　　　　　　　　　　　　　　通 7　その他（　　　　　　　　　　　　　　　　　　　）　　　通	
被相続人の表示	別紙目録記載のとおり	
照会対象者の表示	別紙目録記載のとおり	
別紙目録記載の被相続人の相続に関し、別紙目録記載の照会対象者から貴庁に対して、 　※1　□　同被相続人の死亡日（昭和・平成　　年　　月　　日） 　　　　□　先順位者の放棄が受理された日 から 　※2　□　3箇月　　（被相続人の死亡日が平成11年以前の場合） 　　　　□　申請日まで（被相続人の死亡日が平成12年以降の場合） の間に、相続放棄または限定承認の申述がなされているか否かについて、事件簿または索引簿にて調査し回答してください。 　　　　　　　　　　　　　　　　　　［＊　※1及び※2にそれぞれチェックを入れてください。］		
照会を求める理由	□　不動産競売手続に必要なため □　訴訟を提起するため □　承継執行文を付与するのに必要なため □　その他裁判所に提出するため　（　　　　　　　　　　　　　　　　　） □　その他（　　　　　　　　　　　　　　　　　　　　　　　　　　　）	

＊　本申請書の太線内及び別紙被相続人等目録の太線内につきそれぞれご記入ください。
＊　別紙の被相続人等目録の氏名欄は戸籍等をご確認の上で正確に記入してください（調査はご記入いただいた氏名に基づいて行います。）。

被相続人等目録

被相続人の表示	本　籍				
	最後の住所地	東京都　　　　区			
	ふりがな 氏　名	亡		死亡日	□平成　　　年　月　日 □昭和
照　会　対　象　者　の　表　示					
1	氏　名		11	氏　名	
2	氏　名		12	氏　名	
3	氏　名		13	氏　名	
4	氏　名		14	氏　名	
5	氏　名		15	氏　名	
6	氏　名		16	氏　名	
7	氏　名		17	氏　名	
8	氏　名		18	氏　名	
9	氏　名		19	氏　名	
10	氏　名		20	氏　名	

[裁判所記入欄]

その代表者が支払能力に問題があるといった不利な条件もないと認められる場合には、その代表者が他の相続人の負担する債務の分も含めて全額の支払いを引き受けたものとして、遺産分割協議書の写しと代表者以外の相続人からの委任状を提出してもらい、この代表者にのみ請求を行うようにすることも、実務上許されます。

　以上、見てきたように、債務の相続については、相続順位に従って相続人となる人が決まり、民法の定める相続割合によって、それぞれの相続人が支払う金額が決まります。ここまでが相続の基礎知識です。みなさんご理解いただけましたか。債権管理の対応では、どの親族がいくらの債務を相続するのかさえ理解できれば十分です。

5　相続人の調査

　債務者の死亡が判明したときは、まず、だれが自治体に対する債務を相続したのかを調査する必要があります。

　親族と連絡が取れる場合には、亡くなった人には自治体に対して債務があり、まだ支払いがなされていないため、相続人が承継することになることを説明し、だれが相続人となるのかを聴き取ります。こうしたことができるように、あらかじめサービスの申込みなどに際して、債務者が死亡した場合には自治体

への届出が必要であることを事業のパンフレットなどで案内しておくことが有益です。

　親族と連絡が取れない場合には、亡くなった債務者の戸籍から相続人の資格のある親族を探していきます。死亡者の本籍地については、住民票の除票に記載されています。戸籍謄本については、相続人の資格を有するすべての親族について確認する必要があるため、生前、本籍地の異動があったならば、従前の本籍地の戸籍謄本も取り寄せ、出生時までさかのぼって調べなくてはなりません。

　親族によっては、長らく本人と連絡をとっておらず、相続を望まれないこともあります。この場合には、相続放棄の手続を案内することも必要になります。

6　親族がいない場合

　債務者によっては、親族がいないこともあります。残した財産もないようであれば、相続人不存在のため、この時点で債権は消滅します。

　親族のいない債務者に財産が残っていた場合には、これを管理・清算するため、申立てにより相続財産管理人が選任されます。自治体は、この財産に利害関係のある債権者のため、相続財産管理人の選任を家庭裁判所に申し立てることができます。

図表6−3　破産手続の通常の流れ

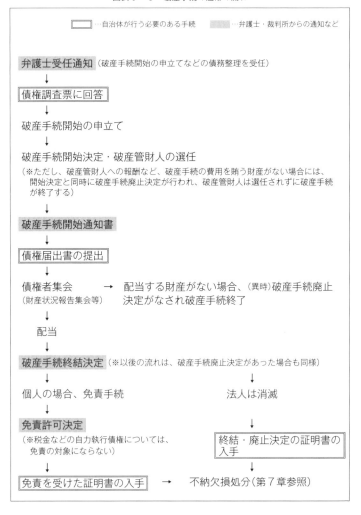

その際には予納金が必要です。債務者の財産から支払いを受けたのちは、なお残額があっても、これで債権は消滅します。

7　破産手続の流れを理解しよう

　続いては破産手続です。債務者が破産を申し立てたということは、その人が支払わなければならない借金、債務の総額に対し、支払いに充てられる財産や収入の総額が不足することが見込まれているということを意味しています。税金のように、破産をしても支払を免れられない一部の例外はありますが、債務者が破産の申立てに至ると、自治体の債権は、全額の支払いを受けることが非常に厳しい状況となったことになります。破産手続は、裁判所が破産手続の開始を決定し、破産管財人を選任して、債務者の財産を金銭に換えて債権者に配当する手続で、債権者はこの手続でしか債権を回収することができません。そのため、破産の申立ての時点では支払期限が来ていない債権でも、その時点で期限が繰り上げられ、支払期限が来たものとされます。

　破産手続が始まると、債務者に対し、直接請求することが制限されます。自治体としては、こうした状況になっても、少しでも多くの金額を回収できるよう、必ず配当に参加し、権利を守らなければなりません。

「破産」と聞くと専門的で難しいと感じてしまうかもしれません。しかし、通常の流れのパターンを把握し、いつ、どのような対応が必要となるのかさえ理解しておけば、対応は画一的ですので、そんなに難しいことはありません（図表6－3参照）。

8　弁護士の受任通知が届いたら

債務者が破産を考えた場合、多くは弁護士に相談し破産手続の一切を委任するのが一般的です。そこで、弁護士から、こうした手続を受任したことについて、各債権者に通知されます。通常、この受任通知には、以後、債務者自身に対して支払いを求めることのないよう記載されています。そこで、先々を見通しておくため、受任した弁護士に連絡をし、以下の内容を中心に、現在の債務者の状況を確認します（図表6－4参照）。

図表6－4　弁護士への確認事項

- 債務者の負債総額
- 債権者数
- 債務整理に至った経緯
- 配当の見込み
- 今後の処理方針

以上を確認したうえで、債権の内容を確認する調査票が添付されていますので、これに必ず回答します。

　ただし、時効期間の満了が目前に迫っているような場合には、弁護士からの連絡をただ待っているわけにはいきません。受任通知が届いても、その後、1年を目安に長い期間、弁護士から連絡が来ない場合には、破産手続開始の申立てを進めていない可能性があります。この場合には、その時点で改めて手続を受任しているのかを弁護士に確認し、受任していることを確認できれば、申立てがいつ頃になるのかの見込みを聴いたうえで以後も、引き続き連絡のやり取りは弁護士と行います。受任していなければ、債務者自身へ請求することを再開し、債務の承認を求めるなどの時効を中断させる措置を行わなければなりません。

9　破産手続の開始

　債務者から破産手続の申立てがなされ、裁判所が破産手続の開始を決定すると、債権者に破産手続開始通知書が送られ、債権届出書（図表6－5参照）を提出するよう案内があります。配当に参加して債務者の財産から支払いを受けられるよう、指定された要領に従って必ず提出します。これは、破産手続において配当を受けられるようにするための手続です。

図表6-5　債権届出書の様式例（出典：名古屋地方裁判所ホームページ）

破産手続開始の決定により、支払期限の繰上げが生じます。まだ期限が来ていなかった債権でも、支払期限が到来することになりますので、この場合にも債権の届出を行うことができます。期限前だからまだ請求ができないものと勘違いして配当参加へのエントリーを漏らさないよう注意しましょう。なお、破産事件については、官報に掲載されます。

　また、通常、破産手続開始通知書には債権者集会（財産状況報告集会等）についても案内があります。集会では、配当率などの情報を入手することができますが、その場で債権者に認められる権限はほとんどなく、権利を主張できる場面ではないことから、出席する実益もあまりありません。また、欠席しても、特に不利益に取り扱われることもありません。そのため、出席しないのが通例です。なお、「民事再生手続」である場合には、集会での債権者の権限が異なることから、対応も異なってきます。

10　配当と免責

　配当が決定した場合には、その配当額を受ける手続へ移ります。配当の具体的な内容については、破産管財人である弁護士に確認をします。

　これで破産手続終了となり、債務者が法人であれば、法人自

体が消滅しますので、債権もこれで消滅します。しかし、債務者が個人の場合には、これだけでは債務の支払いを免れることにはならず、引き続いて免責手続に移ります。ここで裁判所から免責許可の決定を受けることにより、債務者は、債務の支払いを免れることを許されます。免責許可の決定を受けると、債権者は、債務者に対して支払いを請求することができなくなります。ところで、これはあくまで「請求することができなくなる」ということであり、債務者が任意に支払うことはできると考えられています。しかし、免責許可を受けた人に支払いの余力があるとは考えられず、自治体から請求できないものをなお権利であるとは言いがたいと考え、調布市では、破産の免責許可決定があったことにより、債権は消滅したものとして取り扱っています（第7章参照）。自治体によっては、なお債権は消滅していないとして、民法の消滅時効のときと同様に、権利

図表6－6　破産手続において自治体が行わなければならない手続

- 弁護士からの受任通知を受けて債権調査票に回答
- 破産手続の開始を受けて債権届出書を提出（配当への参加のエントリー）
- 手続の終了を受けて、個人であれば免責許可決定、法人であれば終結・廃止決定の証明書を入手

の放棄が必要であると考えて処理しているところも多くあるようです（第5章参照）。

破産の事実を証明する書類として、個人の場合には、裁判所の証明を受けた「免責許可決定及び破産手続終結決定確定証明書」を、法人の場合には、「破産手続終結・廃止決定証明書」の手配を破産管財人に依頼します。

11　破産手続への対応のまとめ

以上、見てきましたように、破産手続において自治体からのアクションが必要なタイミングは3回だけです（図表6－6参照）。もう一度、122頁の図表6－3「破産手続の通常の流れ」を見てみましょう。もう怖くはないですね。図表の中で二重四角で囲っているところが、自治体が行う手続です。みなさんはもう自信を持って破産手続に対応することができます。

倒産処理には、破産手続以外にも、民事再生、会社更生、私的整理等があります。破産手続の場合と同様、債務者への強制執行、財産の競売、法人の解散、会社更生手続・民事再生手続開始決定など、債務者の支払いの信用にかかわることが起きた場合には、必ず自治体の持っている債権を申し出て、債務者の財産から配当を受けられるよう権利を守ることが必要です。

この章のポイント

- 相続も破産も一見難しそうに感じられるが、どちらも基本的なしくみを理解し、債権管理のために必要な知識さえ身につけてしまえば、そんなに複雑な内容ではない。
- 債務は民法の定める相続割合に従って、相続人に相続されるため、債務者が死亡した場合には、まず、だれが相続人となるのかを確認しなければならない。
- 多額の借金を相続で引き継がせることを強いるのは酷であるため、相続人の資格のある親族は、相続を「放棄」して借金を承継することを拒否することができる。相続の放棄があると、相続は次の相続順位の親族に移る。
- 相続人が複数いる場合には、債権が分割されるため、相続後はそれぞれの相続人とやり取りしなければならない。
- 相続する親族がおらず、亡くなった債務者に目立った財産もない場合には、相続人不存在により、債権は消滅する。
- 債務者から破産の申立てがあると、全額の支払いを受けることが厳しい状況になったということになるが、破産手続の流れを理解したうえで、弁護士や裁判所から来る通知に適切に対応して、配当を受ける機会を逃さないようにすればよい。
- 債務者からの申立てを受け、裁判所が破産手続開始の決

定を行うと、債権の支払期限が繰り上がるため、債務者の破産の申立ての時点で支払期限が到来していない債権であっても、配当に参加することができることに注意し、勘違いして債権届出書の提出を漏らさないようにしなければならない。

第7章

債権の消滅

- 債権管理の意義
- 債権の発生と台帳の管理
- 支払期限の到来
- 裁判手続
- 消滅時効
- 相続と破産
- **債権の消滅**
- 応用編

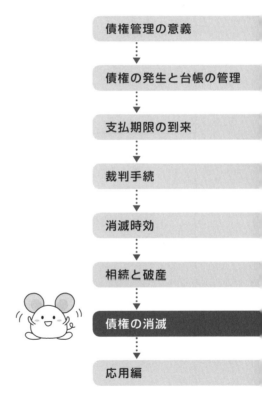

1　債権の消滅により管理は終了

　債務者から無事に支払いがなされれば、権利の内容が実現し、債権は消滅します。債権管理はめでたく終了となります。

　ところが、消滅時効が成立したり、債務者が死亡して相続人がいなかったりした場合のように、債権の完全な支払いがなされておらず、権利はまだ実現していないのに債権が消滅してしまうことがあることを、これまで見てきました（第5章、第6章参照）。

　債権が発生してから消滅するまでの過程を、図でおさらいしましょう（図表7－1参照）。④〜⑨では、まだ全額の支払いを受けられておらず、権利が実現する前に消滅してしまっています。これらの場合には、本来、自治体が受け取れるはずであった金銭を受け取れずに権利が消滅してしまいましたので、特別な処理を必要とします。この処理を「不納欠損処分」といいます。

2　不納欠損処分

　不納欠損処分は、自治体の持っていた財産の本来の価値を減少させることになりますので、決して望ましいことではありません。できるだけ不納欠損処分を出さないことこそが債権管理の目標であるともいえます。したがって、安易にこの処分を決

図表7-1　債権の消滅事由一覧

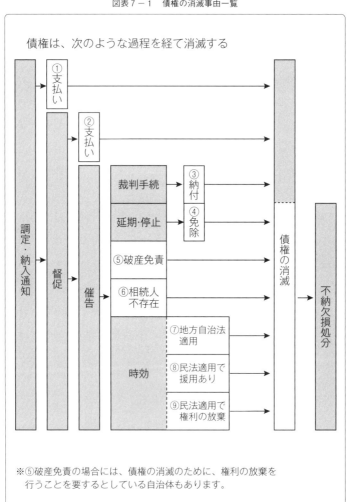

定することは許されません。以下の内容をまとめ、不納欠損処分を行うべき場合であるのかを十分把握してから決定する必要があります（図表7－2参照）。

図表7－2　不納欠損処分の決定にあたって確認する事項

- 債権の名称
- 不納欠損額、件数（参考に前年度との比較など）
- 処分の原因・理由とその根拠規定（破産の免責許可決定や戸籍などの証明書類の確認）
- 欠損までの経過、管理・回収に向けた努力
- 今後の改善策と債権管理の方針

さらに、不納欠損処分が決定したら、先の調定により、自治体が金銭を受け取ることができる財産として会計に債権額が登録されていますので（第2章参照）、それがこの処分により消滅したことを会計上も処理する必要があります。担当課から会計部門へ不納欠損額を通知する会計手続が定められています（図表7－3参照）。

以上の債権の消滅により、発生してからの一連の債権管理が完結をむかえたことになります。みなさん、ここまでご苦労さまでした。

図表7-3　不納欠損額通知書の様式例（調布市の例）

不 納 欠 損 額 通 知 書

決済年月日							会　計　課				会計管理者
係	係長	課長補佐	課長	次長	部長		係	係長	課長補佐	課長	

起　票　日	平成〇〇年 〇月 〇日	所　属	〇〇
会　　　計	01 一般会計	予算区分	0 現年度

科目	款	85 諸収入
	項	35 雑入
	目	25 雑入
	節	70 実費徴収金
	細節	〇〇 〇〇〇〇〇
	細々節	

件　　数	〇 件

金　　額	〇〇〇〇 円	累 計 額	〇〇〇〇 円

件名	〇〇〇〇金

納入義務者	住　所	〒〇〇〇-〇〇〇〇 〇〇県〇〇市〇〇町1-2-3
	氏　名	〇〇　〇〇

摘要	

この章のポイント

- 支払いを受けることができた場合以外で、どんな場合に債権が消滅することがあるのかを理解する。
- まだ全額の支払いを受けていないにもかかわらず債権が消滅した場合には、「不納欠損処分」を行わなければならない。
- 不納欠損処分は自治体の持っていた財産の本来の価値を減少させるものであり、できるだけ出さないようにしなければならない。処分すべきかどうかは慎重に確認したうえで決定する。

episode **3**

債権管理で味わう仕事の達成感♪

　ある日突然、弁護士から通知が届くようなことがあります。仕事で弁護士から通知が届くことに心当たりがあることなど滅多にありませんので、普通は驚きます。中を開けて見ると、債務の整理について受任したとの通知で、どうやら、使用料を滞納していた債務者が破産の申立てを考えているようです。「破産」と聞いてどう対応したら良いものかと、ますます困惑します。

　職場に弁護士から通知が届いたらびっくりしますよね（自宅に来たらもっと驚きますよね！）。これが、第6章の124頁で出てきた「弁護士受任通知」です。この通知を持って担当の職員が「どう対応したらいいか」と相談に来ますが、筆者も、相談を受ける手前、平静を装っているものの、心の中では「対応をまちがえないように」と、実は緊張しています。

　第6章で見てきたように、債務者が破産を申し立てれば、自治体としては、あとはその流れに従うしかなく、正当に配当を受けられるよう、必要な手続を漏らさないことに注意するのみです。

　自治体の有する債権は比較的少額なものが多く、弁護士はよく自治体への債務があることをわかるものだと感心することで

しょう。実は、ここに日頃の債権管理の成果が現れているのです。どういうことかといいますと、いくら弁護士といえども、何も資料がなければ、自治体への債務の存在は知りようがありません。弁護士がこれを見つけることができたのは、担当の職員が債務者に督促状を送り、さらに催告書を繰り返し送っていたからなのです。納入通知、督促状、催告書が、債務の存在を推認する材料になります。弁護士受任通知に、債務者へ送った督促状とその封筒の写しが添付されていることもあります。

　自治体への支払いを滞納している状態で破産の申立てを行う債務者の場合、破産手続によって配当を受けられる可能性はとても低いものの、筆者が相談を受けたケースでは、債権の一部の額について配当を受けられるものも多くあります。

　諦めずに督促、催告を繰り返していたからこそ、弁護士の債務調査に引っ掛かり、こうした破産手続が行われるような場合でも、配当を受けることにつながり、大切な自治体の「財産」を守ったといえます。これが、債務者の滞納を放置し、督促も催告もしていなかったら、弁護士から通知が届くようなこともなく、配当を受けることも逃してしまう結果となります。

　はじめて破産手続に触れた担当者は、手続の進行中、緊張の連続だったでしょうが、日常の努力と破産手続への適切な対応を重ねてきたことが、配当を受けることで報われ、大きな達成

感があったと思います。これで滞納案件も1件完結させることができました。

続いて、不正受給した事業者に対してその返還を求める債権のケースでは、既に事業者が消滅していたり、時効期間が経過していたりして、回収の可能性はなく、もはや不納欠損処分をして整理するしかないにもかかわらず、処理をしていいのかがわからずに、毎年度、ただ漫然と調定の年度繰越しを繰り返していたというものがありました。

このケースでは、事業者が本当に解散しているのかということや、時効期間を正しく算定できているのかということを慎重に確認をしたうえで、すべて不納欠損処分としました。

権利の放棄について議会の議決を求めるケースも同様ですが（第5章参照）、回収の見込みが閉ざされているにもかかわらず、漫然と残っていた債権を処理することができると、長年、胸につっかえていたものがようやく取れ、仕事がすっきり片付いて、晴れ晴れとしたいい気持ちになります。

不納欠損処分に至る債権は、本来受け取れたはずの金額を受けられず、権利を実現することができなかったということにはなるのですが、もはや回収の見込みのないものであり、これを適切に処理して整理することは、無駄な手間をこれ以上かけさせないという意味で仕事の効率化につながるものです。債権を

適切に処理できた時でも仕事の達成感を味わっていいものなのです。

第8章

応用編

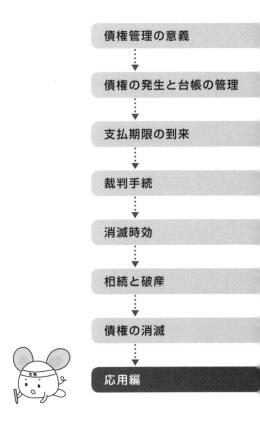

債権管理の意義
↓
債権の発生と台帳の管理
↓
支払期限の到来
↓
裁判手続
↓
消滅時効
↓
相続と破産
↓
債権の消滅
↓
応用編

ここまで、債権が発生してから消滅するまでを一通り見てきましたが、さらに応用編として、債権管理をワンランクアップさせるための効果的な取組みをいくつか紹介しましょう。

1 未払発生の予防策

　債権管理の中心的な業務となるのは、未払いの債務者に対して支払いを求めることですが、そもそも未払いになることをあらかじめ防ぐしくみにしておくことができれば、こうした手間もかけずに済み、債権管理の業務を大幅に縮小して事務の効率化を図ることができます。

　最も効果的な方法は、「後払制のものを前払制に切り替える」ことです。行政サービスを提供してから支払いをお願いする後払制では、未払いの起きる可能性がありますが、利用者の支払いを確認してから行政サービスの提供を開始する前払制では、未払いの発生する余地はありません。すべての行政サービスを前払制にすることは難しいかもしれませんが、あらかじめチケットを購入してもらう方法などにより、可能なものはぜひ変更することを考えてみましょう。

　また、これに近い形になるのが、継続的なサービス提供の更新のタイミングをとらえ、未払いのものを完納させてから次のサービスの更新を決定する方法です。年度ごとに更新するサー

ビスは多くあると思います。原則、完納を更新の条件とすることで、未払いを解消することが可能になります。また、サービスの提供を受けられる対象の条件に、「税金などを完納していること」を追加することも、支払いを促すことにつながります。

　さらに、債務者の支払いの利便性を向上させることも、未払いを防ぐことにつながります。納付書で支払う場合には、債務者は日中に金融機関へ行かなければならず、それだけ手間がかかります。これが口座振替であれば、金融機関に行くこともなく、自動で口座から引き落とされて支払いは完了します。実際には、単純に支払いを忘れていたという未払いのケースも多く、口座振替は自治体にとっても確実な収入方法になります。原則、支払いは口座振替でお願いするということを考えてもいいでしょう。この他にも、コンビニエンスストアやクレジットカードで支払いを可能にする方法もあります。ただし、これらの支払いの利便性向上策の導入には、一定の費用がかかることも避けられません。取り扱う件数などにより、費用対効果も見たうえで、導入を決定する必要があります。

　ところで、未払いとなっている債務者の中には、生活が苦しく、経済的事情から支払いたくても支払えないといった方も少なくありません。このような利用者の支払いの能力に的確に対応した減免基準を設けることができれば、生活が苦しい方に支払いを求めることはせず、経済的な事情によって未払いを起こ

図表8－1　未払いの予防策

- 前払制への切り替え
- 完納を促すしくみづくり（サービスの更新・提供に完納を条件）
- 支払いの利便性向上（口座振替、コンビニエンスストア、クレジットカード）
- 利用者の生活状況・所得水準に合った的確な減免基準の設定

すことを防ぐことができます。

　債権管理では、期限までに支払ってもらえるかどうかで、その後の管理にかかる業務量が大きく異なってきます。未払いをあらかじめ防ぐことができるのであれば、確実で安定的な収入につながります。業務の効率化のため、未払いの予防策にも積極的に取り組んでいきましょう（図表8－1参照）。

2　債務者の生活再建支援

　第1章では、債権管理を進めると、債務者にとってもメリットがあることを触れました。具体的に見ていきましょう。
　自治体の第一の役割・使命は、住民福祉の増進を図ることで

す。このことは、債権管理においても変わりません。自治体が債権を有し、債務者から金銭を受け取る権利を持っているからといって、無理に取り立てて、債務者が生活に困窮するまでにおとしめては、本末転倒になります。

　そこで、債務者と支払いについて相談を行う場合には、債務者の所得・資産の状況や生活状態をよく聴いて、支払能力がどの程度あるのかをしっかりと見定めて対応する必要があります（第3章参照）。すでに生活に困窮して支払いがままならなかったり、他に借金などがあって生計が維持できていなかったりといったことが判明した場合には、取立てを一時停止するだけにとどまらず、その人に必要な福祉的支援を考えなければならないようなこともあります。

　また、支払いの方法を計画し直すことにより（リスケジュール）、それがうまく軌道に回れば、債務者の身の回りも整理され、生活リズムを取り戻して安定することだってあります。

　債務者と対話し、よくコミュニケーションをとりながら、支払いをお願いしていく。住民福祉の増進を使命とする自治体だからこそできる債権管理の姿が、ここには表れています。

　調布市においても、債権管理の取組みを推進していくにあたって、特に議会から、債務者への生活状況には十分配慮するよう、繰り返し確認を求められており、徹底を図っています。

3 自治体での全体的な取組みの進め方

　これから全体的な取組みを進めていこうと考えている自治体も多いでしょう。ここで、みなさんの取組みの参考になればと願い、調布市が取り組んできた内容を紹介しましょう。

　調布市が債権管理に取り組むきっかけとなったのは、決算の認定に際して、収入未済額や不納欠損額が増えていることへの監査委員からの指摘でした。これに関連して、議会においても質問や意見が出されました。このことを受け、市の「行革プラン」（行財政改革の行動計画）の一つとして、債権管理のルールづくりが位置づけられたところ、筆者がその取組みを担う債権管理の統括役に任じられたのでした。

　筆者が最初に考えたのは、各部署で具体的に債権管理の何が課題になっているかを知りたいということでした。そこで、着任早々、各部署の職員の声を聴くべく、債権管理の現状と課題について、収入未済額の発生している債権を担当するすべての課に対し、個別にヒアリングを行いました。できるだけ早く実情を知りたかったため、着任初年度のゴールデンウィーク前には完了させていました（まさか、このちょうど3年後のゴールデンウィークにこの原稿を書くことになろうとは！）。

　ヒアリングの実施は、その後の取組みを進めるうえで大いに役立ちました。なにより、各部署での考え方や実務の進め方が

見事にバラバラで、これは一つの自治体の動きとしてまずいということを実感しました。さらに関係法令や判決集を調べ、解説書も読みましたが、どうにもどの考えが正しいのか判然としませんでした。

「これは、調布市として、統一的な正しいルールをつくるしかない」との結論に至ります。ここから2年かけ、本書で紹介した債権管理に関する調布市ルールをつくることになります。

ルールづくりにおいては、大きく2本柱で構成しました。一つは、実際に債権管理に携わる部署を中心とした職員で構成する検討組織の立ち上げです。平成25年11月（都内で国体が開かれた忙しい年でした）、「調布市債権管理連絡会」を設置し、全庁的な取組みをスタートさせました。もう一つの柱は、法律の専門家であり実務家である弁護士の先生による法律的な検証です。日頃、行政の実務に関する法律相談を受けていただいている顧問弁護士の先生お二人に、ルールづくりの相談役となっていただきました。

債権管理連絡会では、法令や判例の考え方を確認しながらも、現実の実務をふまえたルールの検証を行い、本体の連絡会と2つの部会を合わせ、計14回の会議を重ねました。

お二人の弁護士の先生には、判例の読み方、とらえ方といった細かなことから、ルールの中身について法律的な検証をお願いし、多くのご指導・ご助言を具体的にいただきました。お二

人あわせて7回の相談にご協力いただいています。

　こうしてすべて合計すると21回にも及ぶ会合を経て、さまざまな角度から検証するとともに、議会、監査委員に対し、丁寧に説明をし、法令の趣旨に沿い、具体的な実務にも適う調布市版の債権管理の統一ルールをつくり上げることができました。

　さらに、第5章で触れましたように、民法の消滅時効期間を経過した債権を処分して整理するため、平成27年から、前年度決算の認定と同じ定例会において、債権管理における権利の放棄についての議案提出の運用を開始しました。以上により、債権の回収と整理に必要な一通りの運用ルールを、調布市では確立しています。

　以上の経験から、実際に債権を取り扱う部署で、いかに取り組みやすいように環境を整えて進めていけるかが、全庁で債権管理を推進する鍵になってくると考えています。

まとめと結び

1　まずはできることからチャレンジ！

　さいごまでお読みいただき、ありがとうございます。債権が発生し、自治体が権利を取得して、これを行使し、最後に消滅するまでの一連の管理の方法について見てきました。債権管理について、読み始める前と比べて、どのように印象が変わりましたでしょうか？みなさんが日常取り組まれている専門的な業務に比べれば、よっぽど簡単に感じてもらえたのではないでしょうか。筆者からすれば、医療保険や年金制度のような業務のほうが、よほど専門的に感じます。債権管理は、いわれているほど難しいものではないことがわかっていただけたのではないかと思います。

　実際に調布市で債権管理に取り組んでみて直面したのは、各部署の担当の職員が、知識不足から失敗を怖れ、不安を感じていたり、どこに相談したらいいかもわからなかったりで、なかなか前に進めることができていないという現実でした。

　細かなところまで債権に関する知識をすべて覚えようとするよりも、まずは基本的な事項を押さえて、一歩一歩着実に、かつ、繰り返し取組みを積み重ねていくことこそが重要です。

　債権管理の対象となる債務者も、基本は住民です。債権管理で重要になるのも、他の業務と同様、住民との対話、コミュニケーションです。行政の最前線で働いている自治体の職員であ

るみなさんであれば、お得意としているところでしょう。心配な住民には連絡が途絶えないよう、こちらから連絡を取り続ける、普段、みなさんがやっているお仕事と全く同じことなのです。

　まして、本書をお読みいただいたみなさんは、債権管理に必要な一通りの知識を身につけました。法令に違反するような間違いを起こすことはありません。自信を持って、すぐに行動へ移しましょう。まずはできることからです。債権管理台帳がなかったなら、まずは管理台帳を起こしてみることから。ずっと債務者に連絡を取っていなかったのなら、まずは電話や手紙で連絡を取るのを試みてみることから。住所が分からなくなっていたら、所在の調査をやってみましょう。どこから始めても、これまでやっていなかったことなのですから、行動に移したその一歩こそ、「成果」そのものなのです。

　本書では、難解なイメージを払しょくするため、細かなことや複雑な話は省略しました。実際に取り組み始めて具体的な問題にぶつかったら、ぜひ、ほかのくわしい解説書でも調べてみてください。本書を理解されたみなさんなら、もうこうした解説書も使いこなすことができます。

2　債権管理は面白い！

　債権管理は、何から始めても、必ずはっきりと成果が見えますので、達成感を味わうことのできる仕事です。債権管理の中核となるのも住民との対話、コミュニケーションです。さらに、これがその住民のためにもなっていると知ったら、意欲も湧いてきますよね。仕事が面白くなっていきます。

　本書をきっかけに、自治体職員のみなさんが自信を持って債権管理の取組みを始め、全国各地で大いに成果を挙げられて、それぞれの自治体の行政サービスの安定的・持続的な提供と健全な財政運営につなげてくだされば幸いです。

　自治体には、国にはない強みがあります。存在が一つではないということです。全国に1,800近い仲間がいます。いろいろな経験や考え方を持ったそれぞれの自治体が知恵を出し合えば、素晴らしい解決策が生まれるはずです。消滅時効の章でも述べましたが（第5章参照）、各自治体がお互いに交流・連携を深め、このなんともあやふやな債権管理の課題を画期的な方法で解決していこうではありませんか。みなさんのさらなるご活躍を期待しています！

　最後になりますが、本書の土台となる調布市の債権管理の取組みを進めるにあたり、ご多用の折、隅々まで検証していただ

き、親身にご指導、ご助言を賜りました伊藤俊克弁護士、狩集英昭弁護士の両先生、一緒に汗と涙を流し、時に励まし合った調布市行政経営部財政課の仲間、そして、すべてに精力的に取り組んでくれた調布市債権管理連絡会のメンバーそれぞれに厚く御礼を申し上げます。また、数々の的確なアドバイスをはじめ、あらゆる面でサポートしていただいた第一法規株式会社・編集第二部の梅牧文彦氏・石川智美氏の多大なご尽力により、本書が刊行の運びとなりましたことを、この場を借りて深く感謝申し上げます。

資料編

1　用語集

本書では、読みやすさを優先し、法令用語や独特な業界・専門用語をできるだけ使わずに記述しておりますが、今後、読者のみなさんが一般的な解説書・実務書を読み進めていくにあたっては、こうした用語の知識も欠かせません。

以下では、自治体の債権管理において出てくる頻度の高い用語を中心に解説します。なお、各用語の末尾に掲載している括弧内の語句は、本書でその用語の言い換えとして用いているものです。ご参考にしてください。

か行

強制執行（きょうせいしっこう）

　債権者の金銭を受け取る権利を、公の権力によって強制的に実現する手続。

強制徴収債権（きょうせいちょうしゅうさいけん）／
非強制徴収債権（ひきょうせいちょうしゅうさいけん）

　債務者が支払いに応じない場合に、債権者の金銭を受け取る権利を実現するため、自治体自らが差押えなどによる強制的な徴収を行うことが認められているものを強制徴収債権、そうした権限が認められず、最終的な権利の実現手段としては、裁判手続を利用して行うことを要するものを非強制徴収債権と呼ぶ。

(⇒本書では、自治体が最終的に権利の実現を図るためにとるべき手段に着目した呼称を用いており、本文中「自力執行債権」は「強制徴収債権」に、「裁判執行債権」は「非強制徴収債権」にそれぞれ対応する)

権利の放棄（けんりのほうき）

　自己の有する権利を一方的に消滅させる行為。自治体が行う場合には、議会の議決が必要になる。

公法上の債権（こうほうじょうのさいけん）／
私法上の債権（しほうじょうのさいけん）

　地方自治法のように公的な機関の関わる法律関係を扱う「公法」に基づいて発生する債権を公法上の債権（＝公債権）、民法のように私人・民間同士の法律関係を扱う「私法」に基づいて発生する債権を私法上の債権（＝私債権）と呼ぶ。

(⇒本書では、消滅時効の場面に限定して、地方自治法の適用を受けるもの（「地方自治法の消滅時効に関する規定の適用を受ける債権」）が公法上の債権に、民法の適用を受けるもの（「民法の消滅時効に関する規定の適用を受ける債権」）が私法上の債権にそれぞれ対応する)

戸籍の附票（こせきのふひょう）

　戸籍に記載されている人の住所の履歴が記載されているもの。

さ行

債権管理台帳（さいけんかんりだいちょう）

　債権の行使をしやすくするなど、効率的で適切な管理を行うために、債権の内容や、債務者との交渉・経過についての情報を記録するための台帳。

催告（さいこく）

　督促をしてもなお支払わない債務者に対し、支払いを催促すること。督促と違い、それ自体には時効を中断する効力が認められず、6箇月以内に裁判を起こすなどしてはじめて時効中断の効力が発生する。

債務の承認（さいむのしょうにん）

　自身が債務を負っていることを債務者が認めること。債務者が債務を承認することにより、債権の消滅時効が中断する。

　債務者が債権額の一部を支払う場合には、前提として債務の存在を認めていることになり、同様に債務の承認にあたる。

差押え（さしおさえ）

　債権者の金銭を受け取る権利を実現するために、強制執行に着手するものとして、債務者の特定の財産について強制的に処分を禁止する行為。非強制徴収債権（裁判執行債権）の場合には、裁判所を通して行う必要があるが、強制徴収債権（自力執行債権）の場合には、自治体が自ら行うことができる。

時効（消滅時効）の援用（じこう(しょうめつじこう)のえんよう）
　時効の効果により債務を免れることを主張すること。ただし、地方自治法の規定のように、時効の援用を不要とするものもある。

時効の中断（じこうのちゅうだん）
　時効期間の進行を絶って、零に戻す効果を発生させること。

支払督促（しはらいとくそく）
　裁判所（簡易裁判所の書記官）が、債権者からの申立てに基づき、書類審査のみにより、債務者に支払いを命ずる処分を行う裁判手続。

私法上の債権（しほうじょうのさいけん）
　⇒公法上の債権

住民票の除票（じゅうみんひょうのじょひょう）
　転出や死亡によって住民登録が抹消された住民票。

専決処分（せんけつしょぶん）
　議会が議決・決定するよう定められている事項について、法令で認められている場合に、自治体の長が代わって処分を行うこと。

相続放棄（そうぞくほうき）
　相続人が自らの意思で相続しないことを選択すること。所定の期間内に家庭裁判所へ申し立てる必要がある。

措置（そち）

自治体の決定行為の一つで、自治体が、法令に定める条件や基準に従って、住民に対し、一方的に決定する性質を有するもの。

た行

徴収停止（ちょうしゅうていし）

支払期限から相当の期間を過ぎても支払いがなされないものについて、債務者に支払いをさせることが著しく困難であったり、不適当であると認められたりする場合に、その債権の徴収や保全など、管理をいったん停止すること。

（⇒本書では「管理の停止」として表記）

調定（ちょうてい）

「調査決定」を略したもので、自治体が収入する場合に、歳入の内容を調査し、その収入金額を決定して会計に組み入れること。

定期給付債権（ていきゅうふさいけん）

年、月、週などの単位で、定期的に金銭の支払いを受ける権利を有する債権。

督促（とくそく）

支払期限までに支払わない債務者に対し、改めて期限を定めて支払いを催促すること。自治体の行う督促には、1回に限り時効を中断する効力が認められる。

な行

納付(納入)(のうふ(のうにゅう))

　自治体などの公共団体に金銭を支払うことを、法令上は「納付(納入)」という。

(⇒本書では「支払い」として表記)

は行

非強制徴収債権(ひきょうせいちゅうしょうさいけん)

　⇒強制徴収債権

不当利得(ふとうりとく)

　他人の財産の損失をもって、不当に利益を得ること。

不納欠損処分(ふのうけっそんしょぶん)

　調定を行った債権が全額の支払いを受ける前に消滅してしまい、もはや支払いを受けることができなくなった場合に、その額の調定を消滅させる処分。

2　関係法令

本編で見てきた債権管理の内容が、法令ではどのように規定されているのかを確認してみましょう。なお、民法の時効制度については、改正が予定されていますので、こちらの動向にも注意しておきましょう。

....

○地方自治法（抄）
〔昭和二十二年四月十七日法律第六十七号〕

最終改正：平成二十八年六月七日号外法律第七十三号

〔略〕
第二編　普通地方公共団体
〔略〕
第六章　議会
〔略〕
第二節　権限
〔議決事件〕
第九十六条　普通地方公共団体の議会は、次に掲げる事件を議決しなければならない。
一　条例を設け又は改廃すること。
二　予算を定めること。

三　決算を認定すること。
四　法律又はこれに基づく政令に規定するものを除くほか、地方税の賦課徴収又は分担金、使用料、加入金若しくは手数料の徴収に関すること。
五　その種類及び金額について政令で定める基準に従い条例で定める契約を締結すること。
六　条例で定める場合を除くほか、財産を交換し、出資の目的とし、若しくは支払手段として使用し、又は適正な対価なくしてこれを譲渡し、若しくは貸し付けること。
七　不動産を信託すること。
八　前二号に定めるものを除くほか、その種類及び金額について政令で定める基準に従い条例で定める財産の取得又は処分をすること。
九　負担付きの寄附又は贈与を受けること。
十　法律若しくはこれに基づく政令又は条例に特別の定めがある場合を除くほか、権利を放棄すること。
十一　条例で定める重要な公の施設につき条例で定める長期かつ独占的な利用をさせること。
十二　普通地方公共団体がその当事者である審査請求その他の不服申立て、訴えの提起（普通地方公共団体の行政庁の処分又は裁決（行政事件訴訟法第三条第二項に規定する処分又は同条第三項に規定する裁決をいう。以下この号、第百五条の二、第百九十二条及び第百九十九条の三第三項において同

じ。）に係る同法第十一条第一項（同法第三十八条第一項（同法第四十三条第二項において準用する場合を含む。）又は同法第四十三条第一項において準用する場合を含む。）の規定による普通地方公共団体を被告とする訴訟（以下この号、第百五条の二、第百九十二条及び第百九十九条の三第三項において「普通地方公共団体を被告とする訴訟」という。）に係るものを除く。）、和解（普通地方公共団体の行政庁の処分又は裁決に係る普通地方公共団体を被告とする訴訟に係るものを除く。）、あつせん、調停及び仲裁に関すること。

十三　法律上その義務に属する損害賠償の額を定めること。

十四　普通地方公共団体の区域内の公共的団体等の活動の総合調整に関すること。

十五　その他法律又はこれに基づく政令（これらに基づく条例を含む。）により議会の権限に属する事項

② 前項に定めるものを除くほか、普通地方公共団体は、条例で普通地方公共団体に関する事件（法定受託事務に係るものにあつては、国の安全に関することその他の事由により議会の議決すべきものとすることが適当でないものとして政令で定めるものを除く。）につき議会の議決すべきものを定めることができる。

〔略〕

第九章　財務

〔略〕

第三節　収入

〔略〕

（歳入の収入の方法）

第二百三十一条　普通地方公共団体の歳入を収入するときは、政令の定めるところにより、これを調定し、納入義務者に対して納入の通知をしなければならない。

〔略〕

（督促、滞納処分等）

第二百三十一条の三　分担金、使用料、加入金、手数料及び過料その他の普通地方公共団体の歳入を納期限までに納付しない者があるときは、普通地方公共団体の長は、期限を指定してこれを督促しなければならない。

2　普通地方公共団体の長は、前項の歳入について同項の規定による督促をした場合においては、条例の定めるところにより、手数料及び延滞金を徴収することができる。

3　普通地方公共団体の長は、分担金、加入金、過料又は法律で定める使用料その他の普通地方公共団体の歳入につき第一項の規定による督促を受けた者が同項の規定により指定された期限までにその納付すべき金額を納付しないときは、当該歳入並びに当該歳入に係る前項の手数料及び延滞金について、地方税の滞納処分の例により処分することができる。この場合におけるこれらの徴収金の先取特権の順位は、国税及び地方税に次ぐものとする。

4　第一項の歳入並びに第二項の手数料及び延滞金の還付並びにこれらの徴収金の徴収又は還付に関する書類の送達及び公示送達については、地方税の例による。

5　普通地方公共団体の長以外の機関がした前各項の規定による処分についての審査請求は、普通地方公共団体の長が当該機関の最上級行政庁でない場合においても、当該普通地方公共団体の長に対してするものとする。

6　第三項の規定により普通地方公共団体の長が地方税の滞納処分の例により行う処分についての審査請求については、地方税法（昭和二十五年法律第二百二十六号）第十九条の四の規定を準用する。

7　普通地方公共団体の長は、第一項から第四項までの規定による処分についての審査請求があつたときは、議会に諮問してこれを決定しなければならない。

8　議会は、前項の規定による諮問があつた日から二十日以内に意見を述べなければならない。

9　第七項の審査請求に対する裁決を受けた後でなければ、第一項から第四項までの規定による処分については、裁判所に出訴することができない。

10　第三項の規定による処分中差押物件の公売は、その処分が確定するまで執行を停止する。

11　第三項の規定による処分は、当該普通地方公共団体の区域外においても、また、これをすることができる。

〔略〕

第八節　時効

（金銭債権の消滅時効）

第二百三十六条　金銭の給付を目的とする普通地方公共団体の権利は、時効に関し他の法律に定めがあるものを除くほか、五年間これを行なわないときは、時効により消滅する。普通地方公共団体に対する権利で、金銭の給付を目的とするものについても、また同様とする。

2　金銭の給付を目的とする普通地方公共団体の権利の時効による消滅については、法律に特別の定めがある場合を除くほか、時効の援用を要せず、また、その利益を放棄することができないものとする。普通地方公共団体に対する権利で、金銭の給付を目的とするものについても、また同様とする。

3　金銭の給付を目的とする普通地方公共団体の権利について、消滅時効の中断、停止その他の事項（前項に規定する事項を除く。）に関し、適用すべき法律の規定がないときは、民法（明治二十九年法律第八十九号）の規定を準用する。普通地方公共団体に対する権利で、金銭の給付を目的とするものについても、また同様とする。

4　法令の規定により普通地方公共団体がする納入の通知及び督促は、民法第百五十三条（前項において準用する場合を含む。）の規定にかかわらず、時効中断の効力を有する。

第九節　財産

（財産の管理及び処分）

第二百三十七条　この法律において「財産」とは、公有財産、物品及び債権並びに基金をいう。

2　第二百三十八条の四第一項の規定の適用がある場合を除き、普通地方公共団体の財産は、条例又は議会の議決による場合でなければ、これを交換し、出資の目的とし、若しくは支払手段として使用し、又は適正な対価なくしてこれを譲渡し、若しくは貸し付けてはならない。

3　普通地方公共団体の財産は、第二百三十八条の五第二項の規定の適用がある場合で議会の議決によるとき又は同条第三項の規定の適用がある場合でなければ、これを信託してはならない。

〔略〕

第三款　債権

（債権）

第二百四十条　この章において「債権」とは、金銭の給付を目的とする普通地方公共団体の権利をいう。

2　普通地方公共団体の長は、債権について、政令の定めるところにより、その督促、強制執行その他その保全及び取立てに関し必要な措置をとらなければならない。

3　普通地方公共団体の長は、債権について、政令の定めるところにより、その徴収停止、履行期限の延長又は当該債権に係る債務の免除をすることができる。

4　前二項の規定は、次の各号に掲げる債権については、これを適用しない。
　一　地方税法の規定に基づく徴収金に係る債権
　二　過料に係る債権
　三　証券に化体されている債権（国債に関する法律（明治三十九年法律第三十四号）の規定により登録されたもの及び社債、株式等の振替に関する法律の規定により振替口座簿に記載され、又は記録されたものを含む。）
　四　電子記録債権法（平成十九年法律第百二号）第二条第一項に規定する電子記録債権
　五　預金に係る債権
　六　歳入歳出外現金となるべき金銭の給付を目的とする債権
　七　寄附金に係る債権
　八　基金に属する債権
〔略〕

○地方自治法施行令(抄)
〔昭和二十二年五月三日号外政令第十六号〕

最終改正:平成二十八年六月三日号外政令第二百三十四号

〔略〕
第二編　普通地方公共団体
〔略〕
第五章　財務
〔略〕
第三節　収入
〔略〕

（歳入の調定及び納入の通知）

第百五十四条　地方自治法第二百三十一条の規定による歳入の調定は、当該歳入について、所属年度、歳入科目、納入すべき金額、納入義務者等を誤つていないかどうかその他法令又は契約に違反する事実がないかどうかを調査してこれをしなければならない。

2　普通地方公共団体の歳入を収入するときは、地方交付税、地方譲与税、補助金、地方債、滞納処分費その他その性質上納入の通知を必要としない歳入を除き、納入の通知をしなければならない。

3　前項の規定による納入の通知は、所属年度、歳入科目、納入すべき金額、納期限、納入場所及び納入の請求の事由を記載し

た納入通知書でこれをしなければならない。ただし、その性質上納入通知書によりがたい歳入については、口頭、掲示その他の方法によつてこれをすることができる。

〔略〕

第八節　財産

〔略〕

第三款　債権

（督促）

第百七十一条　普通地方公共団体の長は、債権（地方自治法第二百三十一条の三第一項に規定する歳入に係る債権を除く。）について、履行期限までに履行しない者があるときは、期限を指定してこれを督促しなければならない。

（強制執行等）

第百七十一条の二　普通地方公共団体の長は、債権（地方自治法第二百三十一条の三第三項に規定する歳入に係る債権（以下「強制徴収により徴収する債権」という。）を除く。）について、地方自治法第二百三十一条の三第一項又は前条の規定による督促をした後相当の期間を経過してもなお履行されないときは、次の各号に掲げる措置をとらなければならない。ただし、第百七十一条の五の措置をとる場合又は第百七十一条の六の規定により履行期限を延長する場合その他特別の事情があると認める場合は、この限りでない。

一　担保の付されている債権（保証人の保証がある債権を含

む。)については、当該債権の内容に従い、その担保を処分し、若しくは競売その他の担保権の実行の手続をとり、又は保証人に対して履行を請求すること。
二　債務名義のある債権(次号の措置により債務名義を取得したものを含む。)については、強制執行の手続をとること。
三　前二号に該当しない債権(第一号に該当する債権で同号の措置をとつてなお履行されないものを含む。)については、訴訟手続(非訟事件の手続を含む。)により履行を請求すること。

(履行期限の繰上げ)

第百七十一条の三　普通地方公共団体の長は、債権について履行期限を繰り上げることができる理由が生じたときは、遅滞なく、債務者に対し、履行期限を繰り上げる旨の通知をしなければならない。ただし、第百七十一条の六第一項各号の一に該当する場合その他特に支障があると認める場合は、この限りでない。

(債権の申出等)

第百七十一条の四　普通地方公共団体の長は、債権について、債務者が強制執行又は破産手続開始の決定を受けたこと等を知つた場合において、法令の規定により当該普通地方公共団体が債権者として配当の要求その他債権の申出をすることができるときは、直ちに、そのための措置をとらなければならない。

2　前項に規定するもののほか、普通地方公共団体の長は、債権を保全するため必要があると認めるときは、債務者に対し、担

保の提供（保証人の保証を含む。）を求め、又は仮差押え若しくは仮処分の手続をとる等必要な措置をとらなければならない。

（徴収停止）

第百七十一条の五　普通地方公共団体の長は、債権（強制徴収により徴収する債権を除く。）で履行期限後相当の期間を経過してもなお完全に履行されていないものについて、次の各号の一に該当し、これを履行させることが著しく困難又は不適当であると認めるときは、以後その保全及び取立てをしないことができる。

一　法人である債務者がその事業を休止し、将来その事業を再開する見込みが全くなく、かつ、差し押えることができる財産の価額が強制執行の費用をこえないと認められるとき。

二　債務者の所在が不明であり、かつ、差し押えることができる財産の価額が強制執行の費用をこえないと認められるときその他これに類するとき。

三　債権金額が少額で、取立てに要する費用に満たないと認められるとき。

（履行延期の特約等）

第百七十一条の六　普通地方公共団体の長は、債権（強制徴収により徴収する債権を除く。）について、次の各号の一に該当する場合においては、その履行期限を延長する特約又は処分をすることができる。この場合において、当該債権の金額を適宜分割して履行期限を定めることを妨げない。

一　債務者が無資力又はこれに近い状態にあるとき。
二　債務者が当該債務の全部を一時に履行することが困難であり、かつ、その現に有する資産の状況により、履行期限を延長することが徴収上有利であると認められるとき。
三　債務者について災害、盗難その他の事故が生じたことにより、債務者が当該債務の全部を一時に履行することが困難であるため、履行期限を延長することがやむを得ないと認められるとき。
四　損害賠償金又は不当利得による返還金に係る債権について、債務者が当該債務の全部を一時に履行することが困難であり、かつ、弁済につき特に誠意を有すると認められるとき。
五　貸付金に係る債権について、債務者が当該貸付金の使途に従つて第三者に貸付けを行なつた場合において、当該第三者に対する貸付金に関し、第一号から第三号までの一に該当する理由があることその他特別の事情により、当該第三者に対する貸付金の回収が著しく困難であるため、当該債務者がその債務の全部を一時に履行することが困難であるとき。
2　普通地方公共団体の長は、履行期限後においても、前項の規定により履行期限を延長する特約又は処分をすることができる。この場合においては、既に発生した履行の遅滞に係る損害賠償金その他の徴収金（次条において「損害賠償金等」という。）に係る債権は、徴収すべきものとする。

（免除）

第百七十一条の七　普通地方公共団体の長は、前条の規定により債務者が無資力又はこれに近い状態にあるため履行延期の特約又は処分をした債権について、当初の履行期限（当初の履行期限後に履行延期の特約又は処分をした場合は、最初に履行延期の特約又は処分をした日）から十年を経過した後において、なお、債務者が無資力又はこれに近い状態にあり、かつ、弁済することができる見込みがないと認められるときは、当該債権及びこれに係る損害賠償金等を免除することができる。

2　前項の規定は、前条第一項第五号に掲げる理由により履行延期の特約をした貸付金に係る債権で、同号に規定する第三者が無資力又はこれに近い状態にあることに基づいて当該履行延期の特約をしたものについて準用する。この場合における免除については、債務者が当該第三者に対する貸付金について免除することを条件としなければならない。

3　前二項の免除をする場合については、普通地方公共団体の議会の議決は、これを要しない。

〔略〕

○民法（抄）

〔明治二十九年四月二十七日号外法律第八十九号〕

（※下記条文中、枠で囲ってある部分は、『民法の一部を改正する法律案（第189回国会閣法63号）』による改正反映後の条文です）

最終改正：平成二十八年六月七日号外法律第七十一号

〔略〕

第一編　総則

〔略〕

第七章　時効

第一節　総則

（時効の効力）

第百四十四条　時効の効力は、その起算日にさかのぼる。

（時効の援用）

第百四十五条　時効は、当事者が援用しなければ、裁判所がこれによって裁判をすることができない。

（時効の援用）

第百四十五条　時効は、当事者（消滅時効にあっては、保証人、物上保証人、第三取得者その他権利の消滅について正当な利益を有する者を含む。）が援用しなければ、裁判所がこれによって裁判をすることができない。

（時効の利益の放棄）

第百四十六条　時効の利益は、あらかじめ放棄することができない。

（時効の中断事由）

第百四十七条　時効は、次に掲げる事由によって中断する。

一　請求

二　差押え、仮差押え又は仮処分

三　承認

（裁判上の請求等による時効の完成猶予及び更新）

第百四十七条　次に掲げる事由がある場合には、その事由が終了する（確定判決又は確定判決と同一の効力を有するものによって権利が確定することなくその事由が終了した場合にあっては、その終了の時から六箇月を経過する）までの間は、時効は、完成しない。

一　裁判上の請求

二　支払督促

三　民事訴訟法第二百七十五条第一項の和解又は民事調停法（昭和二十六年法律第二百二十二号）若しくは家事事件手続法（平成二十三年法律第五十二号）による調停

四　破産手続参加、再生手続参加又は更生手続参加

2　前項の場合において、確定判決又は確定判決と同一の効力を有するものによって権利が確定したときは、時効は、同項各号に掲げる事由が終了した時から新たにその進行を始める。

(時効の中断の効力が及ぶ者の範囲)

第百四十八条　前条の規定による時効の中断は、その中断の事由が生じた当事者及びその承継人の間においてのみ、その効力を有する。

(強制執行等による時効の完成猶予及び更新)

第百四十八条　次に掲げる事由がある場合には、その事由が終了する(申立ての取下げ又は法律の規定に従わないことによる取消しによってその事由が終了した場合にあっては、その終了の時から六箇月を経過する)までの間は、時効は、完成しない。

一　強制執行

二　担保権の実行

三　民事執行法(昭和五十四年法律第四号)第百九十五条に規定する担保権の実行としての競売の例による競売

四　民事執行法第百九十六条に規定する財産開示手続

2　前項の場合には、時効は、同項各号に掲げる事由が終了した時から新たにその進行を始める。ただし、申立ての取下げ又は法律の規定に従わないことによる取消しによってその事由が終了した場合は、この限りでない。

(裁判上の請求)

第百四十九条　裁判上の請求は、訴えの却下又は取下げの場合には、時効の中断の効力を生じない。

(仮差押え等による時効の完成猶予)

第百四十九条　次に掲げる事由がある場合には、その事由が終了した時から六箇月を経過するまでの間は、時効は、完成しない。

一　仮差押え

二　仮処分

(支払督促)

第百五十条　支払督促は、債権者が民事訴訟法第三百九十二条に規定する期間内に仮執行の宣言の申立てをしないことによりその効力を失うときは、時効の中断の効力を生じない。

(催告による時効の完成猶予)

第百五十条　催告があったときは、その時から六箇月を経過するまでの間は、時効は、完成しない。

2　催告によって時効の完成が猶予されている間にされた再度の催告は、前項の規定による時効の完成猶予の効力を有しない。

(和解及び調停の申立て)

第百五十一条　和解の申立て又は民事調停法(昭和二十六年法律第二百二十二号)若しくは家事事件手続法(平成二十三年法律第五十二号)による調停の申立ては、相手方が出頭せず、又は和解若しくは調停が調わないときは、一箇月以内に訴えを提起

しなければ、時効の中断の効力を生じない。

（協議を行う旨の合意による時効の完成猶予）
第百五十一条　権利についての協議を行う旨の合意が書面でされたときは、次に掲げる時のいずれか早い時までの間は、時効は、完成しない。
一　その合意があった時から一年を経過した時
二　その合意において当事者が協議を行う期間（一年に満たないものに限る。）を定めたときは、その期間を経過した時
三　当事者の一方から相手方に対して協議の続行を拒絶する旨の通知が書面でされたときは、その通知の時から六箇月を経過した時
2　前項の規定により時効の完成が猶予されている間にされた再度の同項の合意は、同項の規定による時効の完成猶予の効力を有する。ただし、その効力は、時効の完成が猶予されなかったとすれば時効が完成すべき時から通じて五年を超えることができない。
3　催告によって時効の完成が猶予されている間にされた第一項の合意は、同項の規定による時効の完成猶予の効力を有しない。同項の規定により時効の完成が猶予されている間にされた催告についても、同様とする。
4　第一項の合意がその内容を記録した電磁的記録（電子的方式、磁気的方式その他人の知覚によっては認識することがで

きない方式で作られる記録であって、電子計算機による情報処理の用に供されるものをいう。以下同じ。）によってされたときは、その合意は、書面によってされたものとみなして、前三項の規定を適用する。
５　前項の規定は、第一項第三号の通知について準用する。

（破産手続参加等）
第百五十二条　破産手続参加、再生手続参加又は更生手続参加は、債権者がその届出を取り下げ、又はその届出が却下されたときは、時効の中断の効力を生じない。

（承認による時効の更新）
第百五十二条　時効は、権利の承認があったときは、その時から新たにその進行を始める。
２　前項の承認をするには、相手方の権利についての処分につき行為能力の制限を受けていないこと又は権限があることを要しない。

（催告）
第百五十三条　催告は、六箇月以内に、裁判上の請求、支払督促の申立て、和解の申立て、民事調停法若しくは家事事件手続法による調停の申立て、破産手続参加、再生手続参加、更生手続参加、差押え、仮差押え又は仮処分をしなければ、時効の中断の効力を生じない。

(時効の完成猶予又は更新の効力が及ぶ者の範囲)

第百五十三条　第百四十七条又は第百四十八条の規定による時効の完成猶予又は更新は、完成猶予又は更新の事由が生じた当事者及びその承継人の間においてのみ、その効力を有する。

2　第百四十九条から第百五十一条までの規定による時効の完成猶予は、完成猶予の事由が生じた当事者及びその承継人の間においてのみ、その効力を有する。

3　前条の規定による時効の更新は、更新の事由が生じた当事者及びその承継人の間においてのみ、その効力を有する。

(差押え、仮差押え及び仮処分)

第百五十四条　差押え、仮差押え及び仮処分は、権利者の請求により又は法律の規定に従わないことにより取り消されたときは、時効の中断の効力を生じない。

第百五十四条　第百四十八条第一項各号又は第百四十九条各号に掲げる事由に係る手続は、時効の利益を受ける者に対してしないときは、その者に通知をした後でなければ、第百四十八条又は第百四十九条の規定による時効の完成猶予又は更新の効力を生じない。

第百五十五条　差押え、仮差押え及び仮処分は、時効の利益を受ける者に対してしないときは、その者に通知をした後でなければ、時効の中断の効力を生じない。

（承認）

第百五十六条　時効の中断の効力を生ずべき承認をするには、相手方の権利についての処分につき行為能力又は権限があることを要しない。

（中断後の時効の進行）

第百五十七条　中断した時効は、その中断の事由が終了した時から、新たにその進行を始める。

2　裁判上の請求によって中断した時効は、裁判が確定した時から、新たにその進行を始める。

> 第百五十五条から第百五十七条まで　削除

（未成年者又は成年被後見人と時効の停止）

第百五十八条　時効の期間の満了前六箇月以内の間に未成年者又は成年被後見人に法定代理人がないときは、その未成年者若しくは成年被後見人が行為能力者となった時又は法定代理人が就職した時から六箇月を経過するまでの間は、その未成年者又は成年被後見人に対して、時効は、完成しない。

2　未成年者又は成年被後見人がその財産を管理する父、母又は後見人に対して権利を有するときは、その未成年者若しくは成年被後見人が行為能力者となった時又は後任の法定代理人が就職した時から六箇月を経過するまでの間は、その権利について、時効は、完成しない。

(未成年者又は成年被後見人と時効の完成猶予)

第百五十八条　時効の期間の満了前六箇月以内の間に未成年者又は成年被後見人に法定代理人がないときは、その未成年者若しくは成年被後見人が行為能力者となった時又は法定代理人が就職した時から六箇月を経過するまでの間は、その未成年者又は成年被後見人に対して、時効は、完成しない。

2　未成年者又は成年被後見人がその財産を管理する父、母又は後見人に対して権利を有するときは、その未成年者若しくは成年被後見人が行為能力者となった時又は後任の法定代理人が就職した時から六箇月を経過するまでの間は、その権利について、時効は、完成しない。

(夫婦間の権利の時効の停止)

第百五十九条　夫婦の一方が他の一方に対して有する権利については、婚姻の解消の時から六箇月を経過するまでの間は、時効は、完成しない。

(夫婦間の権利の時効の完成猶予)

第百五十九条　夫婦の一方が他の一方に対して有する権利については、婚姻の解消の時から六箇月を経過するまでの間は、時効は、完成しない。

(相続財産に関する時効の停止)

第百六十条　相続財産に関しては、相続人が確定した時、管理人

が選任された時又は破産手続開始の決定があった時から六箇月を経過するまでの間は、時効は、完成しない。

（相続財産に関する時効の完成猶予）
第百六十条　相続財産に関しては、相続人が確定した時、管理人が選任された時又は破産手続開始の決定があった時から六箇月を経過するまでの間は、時効は、完成しない。

（天災等による時効の停止）
第百六十一条　時効の期間の満了の時に当たり、天災その他避けることのできない事変のため時効を中断することができないときは、その障害が消滅した時から二週間を経過するまでの間は、時効は、完成しない。

（天災等による時効の完成猶予）
第百六十一条　時効の期間の満了の時に当たり、天災その他避けることのできない事変のため第百四十七条第一項各号又は第百四十八条第一項各号に掲げる事由に係る手続を行うことができないときは、その障害が消滅した時から三箇月を経過するまでの間は、時効は、完成しない。

〔略〕

第三節　消滅時効

（消滅時効の進行等）
第百六十六条　消滅時効は、権利を行使することができる時から

進行する。

2　前項の規定は、始期付権利又は停止条件付権利の目的物を占有する第三者のために、その占有の開始の時から取得時効が進行することを妨げない。ただし、権利者は、その時効を中断するため、いつでも占有者の承認を求めることができる。

（債権等の消滅時効）

第百六十六条　債権は、次に掲げる場合には、時効によって消滅する。

一　債権者が権利を行使することができることを知った時から五年間行使しないとき。

二　権利を行使することができる時から十年間行使しないとき。

2　債権又は所有権以外の財産権は、権利を行使することができる時から二十年間行使しないときは、時効によって消滅する。

3　前二項の規定は、始期付権利又は停止条件付権利の目的物を占有する第三者のために、その占有の開始の時から取得時効が進行することを妨げない。ただし、権利者は、その時効を更新するため、いつでも占有者の承認を求めることができる。

（債権等の消滅時効）

第百六十七条　債権は、十年間行使しないときは、消滅する。

2　債権又は所有権以外の財産権は、二十年間行使しないときは、消滅する。

（人の生命又は身体の侵害による損害賠償請求権の消滅時効）
第百六十七条　人の生命又は身体の侵害による損害賠償請求権の消滅時効についての前条第一項第二号の規定の適用については、同号中「十年間」とあるのは、「二十年間」とする。

（定期金債権の消滅時効）
第百六十八条　定期金の債権は、第一回の弁済期から二十年間行使しないときは、消滅する。最後の弁済期から十年間行使しないときも、同様とする。
2　定期金の債権者は、時効の中断の証拠を得るため、いつでも、その債務者に対して承認書の交付を求めることができる。

（定期金債権の消滅時効）
第百六十八条　定期金の債権は、次に掲げる場合には、時効によって消滅する。
　一　債権者が定期金の債権から生ずる金銭その他の物の給付を目的とする各債権を行使することができることを知った時から十年間行使しないとき。
　二　前号に規定する各債権を行使することができる時から二十年間行使しないとき。
2　定期金の債権者は、時効の更新の証拠を得るため、いつでも、その債務者に対して承認書の交付を求めることができる。

(定期給付債権の短期消滅時効)

第百六十九条　年又はこれより短い時期によって定めた金銭その他の物の給付を目的とする債権は、五年間行使しないときは、消滅する。

(判決で確定した権利の消滅時効)

第百六十九条　確定判決又は確定判決と同一の効力を有するものによって確定した権利については、十年より短い時効期間の定めがあるものであっても、その時効期間は、十年とする。

2　前項の規定は、確定の時に弁済期の到来していない債権については、適用しない。

(三年の短期消滅時効)

第百七十条　次に掲げる債権は、三年間行使しないときは、消滅する。ただし、第二号に掲げる債権の時効は、同号の工事が終了した時から起算する。

一　医師、助産師又は薬剤師の診療、助産又は調剤に関する債権

二　工事の設計、施工又は監理を業とする者の工事に関する債権

第百七十一条　弁護士又は弁護士法人は事件が終了した時から、公証人はその職務を執行した時から三年を経過したときは、その職務に関して受け取った書類について、その責任を免れる。

(二年の短期消滅時効)

第百七十二条　弁護士、弁護士法人又は公証人の職務に関する債権は、その原因となった事件が終了した時から二年間行使しないときは、消滅する。

2　前項の規定にかかわらず、同項の事件中の各事項が終了した時から五年を経過したときは、同項の期間内であっても、その事項に関する債権は、消滅する。

第百七十三条　次に掲げる債権は、二年間行使しないときは、消滅する。

一　生産者、卸売商人又は小売商人が売却した産物又は商品の代価に係る債権

二　自己の技能を用い、注文を受けて、物を製作し又は自己の仕事場で他人のために仕事をすることを業とする者の仕事に関する債権

三　学芸又は技能の教育を行う者が生徒の教育、衣食又は寄宿の代価について有する債権

（一年の短期消滅時効）

第百七十四条　次に掲げる債権は、一年間行使しないときは、消滅する。

一　月又はこれより短い時期によって定めた使用人の給料に係る債権

二　自己の労力の提供又は演芸を業とする者の報酬又はその供給した物の代価に係る債権

三　運送賃に係る債権

四 旅館、料理店、飲食店、貸席又は娯楽場の宿泊料、飲食料、席料、入場料、消費物の代価又は立替金に係る債権

五 動産の損料に係る債権

第百七十条から第百七十四条まで 削除

（判決で確定した権利の消滅時効）

第百七十四条の二 確定判決によって確定した権利については、十年より短い時効期間の定めがあるものであっても、その時効期間は、十年とする。裁判上の和解、調停その他確定判決と同一の効力を有するものによって確定した権利についても、同様とする。

2 前項の規定は、確定の時に弁済期の到来していない債権については、適用しない。

第百七十四条の二 削る

〔略〕

第三編 債権

〔略〕

第五章 不法行為

〔略〕

（不法行為による損害賠償請求権の期間の制限）

第七百二十四条 不法行為による損害賠償の請求権は、被害者又はその法定代理人が損害及び加害者を知った時から三年間行使

しないときは、時効によって消滅する。不法行為の時から二十年を経過したときも、同様とする。

（不法行為による損害賠償請求権の消滅時効）
第七百二十四条　不法行為による損害賠償の請求権は、次に掲げる場合には、時効によって消滅する。
　一　被害者又はその法定代理人が損害及び加害者を知った時から三年間行使しないとき。
　二　不法行為の時から二十年間行使しないとき。
（人の生命又は身体を害する不法行為による損害賠償請求権の消滅時効）
第七百二十四条の二　人の生命又は身体を害する不法行為による損害賠償請求権の消滅時効についての前条第一号の規定の適用については、同号中「三年間」とあるのは、「五年間」とする。

〔略〕

第五編　相続

〔略〕

第二章　相続人

〔略〕

（子及びその代襲者等の相続権）
第八百八十七条　被相続人の子は、相続人となる。
　2　被相続人の子が、相続の開始以前に死亡したとき、又は第八

百九十一条の規定に該当し、若しくは廃除によって、その相続権を失ったときは、その者の子がこれを代襲して相続人となる。ただし、被相続人の直系卑属でない者は、この限りでない。

3 前項の規定は、代襲者が、相続の開始以前に死亡し、又は第八百九十一条の規定に該当し、若しくは廃除によって、その代襲相続権を失った場合について準用する。

〔略〕

（直系尊属及び兄弟姉妹の相続権）

第八百八十九条 次に掲げる者は、第八百八十七条の規定により相続人となるべき者がない場合には、次に掲げる順序の順位に従って相続人となる。

一 被相続人の直系尊属。ただし、親等の異なる者の間では、その近い者を先にする。

二 被相続人の兄弟姉妹

2 第八百八十七条第二項の規定は、前項第二号の場合について準用する。

（配偶者の相続権）

第八百九十条 被相続人の配偶者は、常に相続人となる。この場合において、第八百八十七条又は前条の規定により相続人となるべき者があるときは、その者と同順位とする。

〔略〕

第三章 相続の効力

〔略〕

第二節 相続分

（法定相続分）

第九百条　同順位の相続人が数人あるときは、その相続分は、次の各号の定めるところによる。

　一　子及び配偶者が相続人であるときは、子の相続分及び配偶者の相続分は、各二分の一とする。

　二　配偶者及び直系尊属が相続人であるときは、配偶者の相続分は、三分の二とし、直系尊属の相続分は、三分の一とする。

　三　配偶者及び兄弟姉妹が相続人であるときは、配偶者の相続分は、四分の三とし、兄弟姉妹の相続分は、四分の一とする。

　四　子、直系尊属又は兄弟姉妹が数人あるときは、各自の相続分は、相等しいものとする。ただし、父母の一方のみを同じくする兄弟姉妹の相続分は、父母の双方を同じくする兄弟姉妹の相続分の二分の一とする。

〔略〕

第四章　相続の承認及び放棄

第一節　総則

（相続の承認又は放棄をすべき期間）

第九百十五条　相続人は、自己のために相続の開始があったことを知った時から三箇月以内に、相続について、単純若しくは限定の承認又は放棄をしなければならない。ただし、この期間は、利害関係人又は検察官の請求によって、家庭裁判所において伸長することができる。

2　相続人は、相続の承認又は放棄をする前に、相続財産の調査をすることができる。

〔略〕

第三節　相続の放棄

（相続の放棄の方式）

第九百三十八条　相続の放棄をしようとする者は、その旨を家庭裁判所に申述しなければならない。

（相続の放棄の効力）

第九百三十九条　相続の放棄をした者は、その相続に関しては、初めから相続人とならなかったものとみなす。

〔略〕

第六章　相続人の不存在

（相続財産法人の成立）

第九百五十一条　相続人のあることが明らかでないときは、相続財産は、法人とする。

（相続財産の管理人の選任）

第九百五十二条　前条の場合には、家庭裁判所は、利害関係人又は検察官の請求によって、相続財産の管理人を選任しなければならない。

2　前項の規定により相続財産の管理人を選任したときは、家庭裁判所は、遅滞なくこれを公告しなければならない。

〔略〕

◯国の債権の管理等に関する法律（抄）

〔昭和三十一年五月二十二日法律第百十四号〕

最終改正：平成十九年六月二十七日号外法律第百二号

〔略〕

目次

　第一章　総則（第一条―第四条）

　第二章　債権の管理の機関（第五条―第九条）

　第三章　債権の管理の準則（第十条―第二十三条）

　第四章　債権の内容の変更、免除等（第二十四条―第三十三条）

　第五章　債権に関する契約等の内容（第三十四条―第三十七条）

　第六章　雑則（第三十八条―第四十一条）

　附則

第一章　総則

　（趣旨）

第一条　この法律は、国の債権の管理の適正を期するため、その管理に関する事務の処理について必要な機関及び手続を整えるとともに、国の債権の内容の変更、免除等に関する一般的基準を設け、あわせて国の債権の発生の原因となる契約に関し、その内容とすべき基本的事項を定めるものとする。

〔略〕

第三章　債権の管理の準則

（管理の基準）

第十条　債権の管理に関する事務は、法令の定めるところに従い、債権の発生原因及び内容に応じて、財政上もつとも国の利益に適合するように処理しなければならない。

〔略〕

第四章　債権の内容の変更、免除等

（履行延期の特約等をすることができる場合）

第二十四条　歳入徴収官等は、その所掌に属する債権（国税徴収又は国税滞納処分の例によつて徴収する債権その他政令で定める債権を除く。）について、他の法律に基く場合のほか、次の各号の一に該当する場合に限り、政令で定めるところにより、その履行期限を延長する特約又は処分をすることができる。この場合において、当該債権の金額を適宜分割して履行期限を定めることを妨げない。

一　債務者が無資力又はこれに近い状態にあるとき。

二　債務者が当該債務の全部を一時に履行することが困難であり、かつ、その現に有する資産の状況により、履行期限を延長することが徴収上有利であると認められるとき。

三　債務者について災害、盗難その他の事故が生じたことにより、債務者が当該債務の全部を一時に履行することが困難であるため、履行期限を延長することがやむを得ないと認められるとき。

四 契約に基く債権について、債務者が当該債務の全部を一時に履行することが困難であり、かつ、所定の履行期限によることが公益上著しい支障を及ぼすこととなるおそれがあるとき。

五 損害賠償金又は不当利得による返還金に係る債権について、債務者が当該債務の全部を一時に履行することが困難であり、かつ、弁済につき特に誠意を有すると認められるとき。

六 貸付金に係る債権について、債務者が当該貸付金の使途に従つて第三者に貸付を行つた場合において、当該第三者に対する貸付金に関し、第一号から第四号までの一に該当する理由があることその他特別の事情により、当該第三者に対する貸付金の回収が著しく困難であるため、当該債務者がその債務の全部を一時に履行することが困難であるとき。

2 歳入徴収官等は、履行期限後においても、前項の規定により履行期限を延長する特約又は処分（以下「履行延期の特約等」という。）をすることができる。この場合においては、既に発生した延滞金（履行の遅滞に係る損害賠償金その他の徴収金をいう。以下同じ。）に係る債権は、徴収すべきものとする。

3 歳入徴収官等は、その所掌に属する債権で分割して弁済させることとなつているものにつき履行延期の特約等をする場合において、特に必要があると認めるときは、政令で定めるところにより、当該履行期限後に弁済することとなつている金額に係る履行期限をもあわせて延長することとすることができる。

〔略〕

○債権管理事務取扱規則（抄）

〔昭和三十一年十二月二十九日号外大蔵省令第八十六号〕

最終改正：平成二十八年四月一日号外財務省令第三十六号

〔略〕

第三章　債権の管理の準則

〔略〕

（債権を消滅したものとみなして整理する場合）

第三十条　歳入徴収官等は、その所掌に属する債権で債権管理簿に記載し、又は記録したものについて、次の各号に掲げる事由が生じたときは、その事の経過を明らかにした書類を作成し、当該債権の全部又は一部が消滅したものとみなして整理するものとする。

一　当該債権につき消滅時効が完成し、かつ、債務者がその援用をする見込があること。

二　債務者である法人の清算が結了したこと（当該法人の債務につき弁済の責に任ずべき他の者があり、その者について第一号から第四号までに掲げる事由がない場合を除く。）。

三　債務者が死亡し、その債務について限定承認があつた場合において、その相続財産の価額が強制執行をした場合の費用並びに他の優先して弁済を受ける債権及び国以外の者の権利の金額の合計額をこえないと見込まれること。

四　破産法（平成十六年法律第七十五号）第二百五十三条第一

項、会社更生法（平成十四年法律第百五十四号）第二百四条第一項その他の法令の規定により債務者が当該債権につきその責任を免れたこと。
五　当該債権の存在につき法律上の争がある場合において、法務大臣が勝訴の見込がないものと決定したこと。

〔略〕

◯貸金業法（抄）
〔昭和五十八年五月十三日法律第三十二号〕

最終改正：平成二十六年六月十三日号外法律第六十九号

〔略〕
第二章　貸金業者
〔略〕
第二節　業務
〔略〕

（取立て行為の規制）

第二十一条　貸金業を営む者又は貸金業を営む者の貸付けの契約に基づく債権の取立てについて貸金業を営む者その他の者から委託を受けた者は、貸付けの契約に基づく債権の取立てをするに当たつて、人を威迫し、又は次に掲げる言動その他の人の私生活若しくは業務の平穏を害するような言動をしてはならない。

一　正当な理由がないのに、社会通念に照らし不適当と認められる時間帯として内閣府令で定める時間帯に、債務者等に電話をかけ、若しくはファクシミリ装置を用いて送信し、又は債務者等の居宅を訪問すること。

二　債務者等が弁済し、又は連絡し、若しくは連絡を受ける時期を申し出た場合において、その申出が社会通念に照らし相当であると認められないことその他の正当な理由がないのに、前号に規定する内閣府令で定める時間帯以外の時間帯に、債

務者等に電話をかけ、若しくはファクシミリ装置を用いて送信し、又は債務者等の居宅を訪問すること。
三　正当な理由がないのに、債務者等の勤務先その他の居宅以外の場所に電話をかけ、電報を送達し、若しくはファクシミリ装置を用いて送信し、又は債務者等の勤務先その他の居宅以外の場所を訪問すること。
四　債務者等の居宅又は勤務先その他の債務者等を訪問した場所において、債務者等から当該場所から退去すべき旨の意思を示されたにもかかわらず、当該場所から退去しないこと。
五　はり紙、立看板その他何らの方法をもつてするを問わず、債務者の借入れに関する事実その他債務者等の私生活に関する事実を債務者等以外の者に明らかにすること。
六　債務者等に対し、債務者等以外の者からの金銭の借入れその他これに類する方法により貸付けの契約に基づく債務の弁済資金を調達することを要求すること。
七　債務者等以外の者に対し、債務者等に代わつて債務を弁済することを要求すること。
八　債務者等以外の者が債務者等の居所又は連絡先を知らせることその他の債権の取立てに協力することを拒否している場合において、更に債権の取立てに協力することを要求すること。
九　債務者等が、貸付けの契約に基づく債権に係る債務の処理を弁護士若しくは弁護士法人若しくは司法書士若しくは司法

書士法人(以下この号において「弁護士等」という。)に委託し、又はその処理のため必要な裁判所における民事事件に関する手続をとり、弁護士等又は裁判所から書面によりその旨の通知があつた場合において、正当な理由がないのに、債務者等に対し、電話をかけ、電報を送達し、若しくはファクシミリ装置を用いて送信し、又は訪問する方法により、当該債務を弁済することを要求し、これに対し債務者等から直接要求しないよう求められたにもかかわらず、更にこれらの方法で当該債務を弁済することを要求すること。

十　債務者等に対し、前各号(第六号を除く。)のいずれかに掲げる言動をすることを告げること。

2　貸金業を営む者又は貸金業を営む者の貸付けの契約に基づく債権の取立てについて貸金業を営む者その他の者から委託を受けた者は、債務者等に対し、支払を催告するために書面又はこれに代わる電磁的記録を送付するときは、内閣府令で定めるところにより、これに次に掲げる事項を記載し、又は記録しなければならない。

一　貸金業を営む者の商号、名称又は氏名及び住所並びに電話番号

二　当該書面又は電磁的記録を送付する者の氏名

三　契約年月日

四　貸付けの金額

五　貸付けの利率

六　支払の催告に係る債権の弁済期

七　支払を催告する金額

八　前各号に掲げるもののほか、内閣府令で定める事項

3　前項に定めるもののほか、貸金業を営む者又は貸金業を営む者の貸付けの契約に基づく債権の取立てについて貸金業を営む者その他の者から委託を受けた者は、貸付けの契約に基づく債権の取立てをするに当たり、相手方の請求があつたときは、貸金業を営む者の商号、名称又は氏名及びその取立てを行う者の氏名その他内閣府令で定める事項を、内閣府令で定める方法により、その相手方に明らかにしなければならない。

〔略〕

○貸金業法施行規則（抄）
〔昭和五十八年八月十日大蔵省令第四十号〕

最終改正：平成二十八年四月二十二日号外内閣府令第四十号

〔略〕

（取立て行為の規制）

第十九条 法第二十一条第一項第一号（法第二十四条第二項、第二十四条の二第二項、第二十四条の三第二項、第二十四条の四第二項、第二十四条の五第二項及び第二十四条の六において準用する場合を含む。）に規定する内閣府令で定める時間帯は、午後九時から午前八時までの間とする。

2 貸金業を営む者又は貸金業を営む者の貸付けの契約に基づく債権の取立てについて貸金業を営む者その他の者から委託を受けた者は、法第二十一条第二項（法第二十四条第二項、第二十四条の二第二項、第二十四条の三第二項、第二十四条の四第二項、第二十四条の五第二項及び第二十四条の六において準用する場合を含む。）の規定により、債務者等に対し、支払を催告するために書面又はこれに代わる電磁的記録を送付するときは、当該書面に封をする方法、本人のみが使用していることが明らかな電子メールアドレスに電子メールを送付する方法その他の債務者の借入れに関する事実が債務者等以外の者に明らかにならない方法により行わなければならない。

3 法第二十一条第二項第八号（法第二十四条第二項、第二十四

条の二第二項、第二十四条の三第二項、第二十四条の四第二項、第二十四条の五第二項及び第二十四条の六において準用する場合を含む。）に規定する内閣府令で定める事項は、次に掲げる事項とする。

一　支払の催告時における当該催告に係る残存債務の額

二　支払を催告する金額の内訳（元本、利息及び債務の不履行による賠償額の別をいう。）

三　書面又はこれに代わる電磁的記録を保証人に対し送付する場合にあつては、保証契約の契約年月日及び保証債務の極度額その他の保証人が負担する債務の範囲

4　法第二十一条第二項（法第二十四条第二項、第二十四条の二第二項、第二十四条の三第二項、第二十四条の四第二項、第二十四条の五第二項及び第二十四条の六において準用する場合を含む。以下この項において同じ。）に規定する書面には、法第二十一条第二項各号に掲げる事項を日本工業規格Ｚ八三〇五に規定する八ポイント以上の大きさの文字及び数字を用いて明瞭かつ正確に記載しなければならない。

5　法第二十一条第三項に規定する内閣府令で定める事項は、次に掲げる事項とする。

一　取立てを行う者の弁済受領権限の基礎となる事実

二　取り立てる債権に係る法第十七条第一項各号（第一号を除く。）に掲げる事項（取り立てる債権が貸金業者の貸付けの契約に基づく債権でないときは第十三条第一項第一号ソを除

き、極度方式貸付けに係る契約に基づくものであるときは次号に掲げる事項と同一の内容のものを除く。)

三　取り立てる債権が極度方式貸付けに係る契約に基づくものであるときは、当該契約の基本となる極度方式基本契約に係る法第十七条第二項各号（第一号を除く。）に掲げる事項（取り立てる債権が貸金業者の貸付けの契約に基づく債権でないときは、第十三条第三項第一号ソに掲げる事項を除く。)

四　債務者等に対し取立てをするときは、次に掲げる事項
　イ　法第二十一条第二項第六号及び第七号に掲げる事項
　ロ　第三項第一号及び第二号に掲げる事項

五　保証人に対し取立てをするときは、法第十七条第三項に掲げる事項（取り立てる債権が貸金業者の貸付けの契約に基づく債権でないときは、第十二条の二第五項第十四号に掲げる事項を除く。)

6　法第二十一条第三項（法第二十四条第二項、第二十四条の二第二項、第二十四条の三第二項、第二十四条の四第二項、第二十四条の五第二項及び第二十四条の六において準用する場合を含む。）に規定する内閣府令で定める方法は、前項各号に掲げる事項を日本工業規格Ｚ八三〇五に規定する八ポイント以上の大きさの文字及び数字を用いて明瞭かつ正確に記載した書面を交付又は送付する方法とする。ただし、貸金業者又は貸金業者の貸付けの契約に基づく債権の取立てについて貸金業者その他の者から委託を受けた者の従業者であつて、当該貸金業者の商

号、名称若しくは氏名又は当該従業者の氏名を明らかにするよう相手方の請求があつた場合は、法第十二条の四に規定する証明書の提示によることができる。

〔略〕

（※法令内容現在：平成28年7月1日までに公布され、平成29年4月1日時点で効力を有すると見込まれるもの）

3 関係判例

法令に具体的な内容が定まっていないものについては、最高裁判所の下す判例が重要な手掛かりになります。債権管理の分野では、特に法令で適用区分が定められていない消滅時効に関するものが重要です。自治体の債権（同様に参考になるものは国の事例を含む）について取り扱った最高裁判所の主な判例を紹介します。さらに蓄積されていく今後の判例にも注目しましょう。

・・

○普通財産売払代金請求上告事件

（昭和41年11月1日最高裁判所第三小法廷判決、昭和40年（オ）第296号、最高裁判所民事判例集20巻9号1665頁）

国の普通財産の売払による代金債権の消滅時効については、会計法第30条（自治体の地方自治法第236条に相当）の規定する5年の時効期間に服すべきものではない（民法の規定が適用される）。

○自衛隊車両整備工場事件

（昭和50年2月25日最高裁判所第三小法廷判決、昭和48年（オ）第383号、最高裁判所民事判例集29巻2号143頁）

会計法第30条（自治体の地方自治法第236条に相当）が消滅

時効期間を5年とした趣旨は、国の権利義務を早期に決済する必要があるなど、主に行政上の便宜を考慮したことに基づくものであり、5年の消滅時効期間の規定は、行政上の便宜を考慮する必要がある金銭債権であって、他に時効期間についての特別な規定のないものについて適用される。

○建物明渡等請求上告事件
（昭和59年12月13日最高裁判所第一小法廷判決、昭和57年（オ）第1011号、最高裁判所民事判例集38巻12号1411頁）

　公営住宅の使用関係については、公営住宅法およびこれに基づく条例が特別法として民法等に優先して適用されるが、法および条例に特別の定めがない限り、原則として一般法である民法等の適用がある。

○水道料金請求事件
（平成15年10月10日最高裁判所第二小法廷決定、平成13年（受）第1327号、判例集未登載）

　水道料金の消滅時効について、水道供給事業者としての地位は一般私企業の地位と特に異なるものではないから、民法が適用されるとして、消滅時効期間は同法第173条に規定する2年であるとした原審の判断を支持した。

○はみ出し自動販売機住民訴訟

（平成16年4月23日最高裁判所第二小法廷判決、平成12年（行ヒ）第246号、最高裁判所民事判例集58巻4号892頁）

　地方自治体が有する債権の管理について定める地方自治法第240条および地方自治法施行令第171条から第171条の7までの規定によれば、客観的に存在する債権を理由もなく放置したり、免除したりすることは許されず、原則として、地方自治体の長にその行使または不行使についての裁量はない。

○診療費等請求事件

（平成17年11月21日最高裁判所第二小法廷判決、平成17年（受）第721号、最高裁判所民事判例集59巻9号2611頁）

　公立病院の診療に関する債権の消滅時効について、公立病院で行われる診療は私立病院で行われる診療と本質的な差異はないから、その消滅時効期間は、地方自治法第236条第1項に規定する5年ではなく、民法第170条第1号に規定する3年である。

○在ブラジル被爆者健康管理手当等請求事件

（平成19年2月6日最高裁判所第三小法廷判決、平成18年（行ヒ）第136号、最高裁判所民事判例集61巻1号122頁）

　地方自治法第236条第2項が債権の時効消滅について地方自

治体の援用を不要としたのは、その権利について、その性質上、法令に従って適切かつ画一的にこれを処理することが地方自治体の事務処理上の便宜や住民の平等的取扱いの理念に資するためである。

4　参考文献

・調布市『調布市裁判執行債権管理ガイドブック（第一次改訂版）』（平成28年）
・青田悟朗著／前川拓郎監修『裁判例から読み解く　自治体の債権管理』（第一法規・平成28年）
・髙橋滋監修／鈴木秀洋他執筆（筆者執筆 Unit 3 の 3 - 3）『これからの自治体職員のための実践コンプライアンス』（第一法規・平成26年）
・債権管理・回収研究会 編『自治体職員のための事例解説 債権管理・回収の手引き』（第一法規・平成24年）
・大阪弁護士会自治体債権管理研究会 編『地方公務員のための債権管理・回収実務マニュアル―債権別解決手法の手引き―』（第一法規・平成22年）
・大阪弁護士会自治体債権管理研究会 編『Q&A 自治体の私債権管理・回収マニュアル』（ぎょうせい・平成24年）
・公益財団法人東京市町村自治調査会『自治体の債権管理に関する調査研究報告書～債権の発生から消滅までのあるべき姿を考える～』（平成22年）
・東京弁護士会弁護士業務改革委員会自治体債権管理問題検討チーム 編『自治体のための債権管理マニュアル』（ぎょうせい・平成20年）

事項索引

い
遺産分割協議 …………………… 117

え
延長保育料 ……………………… 87

か
介護保険料 ……………………… 20
学童クラブ（学童保育所）育成料
　………………………………… 20, 87
貸付金 …………………………… 89
管理の停止 ……………………… 41, 165

き
議会の議決 ……………… 71, 75, 96
行政サービスの料金 …………… 89
強制執行 ………………………… 161
強制徴収権 ……………………… 18
強制徴収債権 …………………… 18, 161

け
下水道使用料 …………………… 20, 107
決算書 …………………………… 28
減免基準 ………………………… 148
権利の放棄 ……………… 96, 128, 162
権利の放棄についての議案 …… 98

こ
公営住宅使用料 ………………… 20, 87
後期高齢者医療保険料 ………… 20
公債権 …………………………… 85, 162
口座振替 ………………………… 45, 148
高度な個人情報 ………… 40, 51, 59
公法上の債権 …………………… 85, 162
公立病院の診療代金 …………… 102
国民健康保険不当利得返還金 … 87

国民健康保険料 ………………… 20
戸籍の附票 ……………………… 40, 162

さ
債権 ……………………………… 13
債権管理 ………………………… 15
債権管理条例 …………………… 4, 101
債権管理台帳 …………………… 29, 163
債権管理の心得 ………………… 21
債権管理のメリット …………… 17
債権者 …………………………… 13
債権者集会 ……………………… 127
債権届出書 ……………………… 125
債権の発生 ……………………… 27
債権の申出 ……………………… 129
催告 ……………………………… 50, 163
催告書 …………………………… 36, 49, 52
財産の調査 ……………………… 68
裁判執行債権 …………… 19, 67, 69, 84
債務者 …………………………… 13
債務者の支払能力 ……………… 35, 56
債務者の生活再建支援 ………… 149
債務承認書 ……………………… 59
債務の承認 ……………… 57, 92, 163
差押え …………………………… 163

し
時効期間 ………………………… 35
時効期間の起算点 ……………… 93
時効期間の満了日 ……………… 92
時効の援用 ……………………… 82, 164
時効の中断
　………… 45, 50, 57, 91, 117, 125, 164
事後調定 ………………………… 63
私債権 …………………………… 85, 162
児童手当返還金 ………………… 87

219

支払期限	31, 45	相続放棄の申述の有無の照会	116
支払期限の延長	56	相続割合	115, 117
支払期限の繰上げ	123, 127	訴訟の採算性	76
支払督促	70, 164	租税法律主義	27
支払督促申立書	71	措置	88, 164

た

代襲相続	115, 116
担保	35

支払いの相談・交渉　55
支払いの免除　101
私法上の債権　85, 162, 164
収入済額　28
収入未済額　29
住民訴訟　77
住民票の除票　121, 164
住民福祉の増進　17, 149, 150
商業・法人登記　40
消滅時効　81
所在調査　39
所在不明　70, 96
自力執行債権　19, 69, 84
自力執行力　18

ち

地方自治法の消滅時効　84
徴収停止　→管理の停止
調定　28, 165

つ

通常訴訟　75

て

定期給付債権　89, 165

と

倒産処理　129
道路占用料　20
督促　47, 92, 165
督促状　36, 47, 48
督促の時期　47
取立て行為の規制　53

す

水道料金　20, 102, 107

せ

生活保護費返還金　87
税金　4, 13, 20, 27, 123
専決処分　75, 164

そ

相続財産管理人　121
相続順位　113
相続人　113
相続人の代表者　117
相続人不存在　121
相続放棄　116, 117, 121, 164
相続放棄申述受理証明書　116

に

入国管理局　40

の

納入通知　45, 92
納（付）期限　→支払期限
納付（納入）　166

220

納付相談・交渉→支払いの相談・交渉
納付書································ 45, 148

は

廃棄物処理手数料···················· 20, 87
破産管財人 ················ 123, 127, 129
破産手続····························· 123
破産手続開始通知書 ·················· 125

ひ

非強制徴収債権··············· 18, 161, 166

ふ

不動産登記 ··························· 68
不当利得····························· 166
不納欠損額 ··························· 29
不納欠損額通知書····················· 138
不納欠損処分 ···················· 135, 166
分割支払····························· 56
分納誓約書 ··························· 59

へ

返還金······························· 88
弁護士への確認事項 ·················· 124

ほ

保育料······························· 20
保証人······························· 35

ま

前払制······························ 147

み

民法の時効制度····················· 82, 167
民法の消滅時効························ 84

め

免責許可の決定······················ 128

り

リスケ（リスケジュール）······ 56, 150

花岡　大（はなおか　ひろし）
調布市福祉健康部保険年金課・課長補佐。中央大学法学部卒業後、1996（平成8）年東京都調布市入庁。政策企画課係長、指導室（教育委員会）係長、財政課課長補佐などを経て、2016（平成28）年4月から現職。2013（平成25）年度〜2015（平成27）年度、財政課で債権管理を担当し、「調布市裁判執行債権管理ガイドブック」、議案「権利の放棄について」の作成などに携わる。著書に『これからの自治体職員のための実践コンプライアンス』（共著、第一法規、2014（平成26）年）。各地で自治体職員向けコンプライアンス推進研修の講師を務める。

サービス・インフォメーション
――――通話無料――――
①商品に関するご照会・お申込みのご依頼
　　TEL 0120(203)694／FAX 0120(302)640
②ご住所・ご名義等各種変更のご連絡
　　TEL 0120(203)696／FAX 0120(202)974
③請求・お支払いに関するご照会・ご要望
　　TEL 0120(203)695／FAX 0120(202)973

●フリーダイヤル（TEL）の受付時間は、土・日・祝日を除く9:00〜17:30です。
●FAXは24時間受け付けておりますので、あわせてご利用ください。

自治体職員のためのやさしい債権管理ハンドブック

平成28年10月10日　初版発行

著　者　花　岡　　　大
発行者　田　中　英　弥
発行所　第一法規株式会社
　　　　〒107-8560　東京都港区南青山2-11-17
　　　　ホームページ　http://www.daiichihoki.co.jp/

自治体債権ハン　ISBN 978-4-474-05593-3　C0032（9）